Federica de Cesco
Im Zeichen des himmlischen Bären

Federica de Cesco
wurde in Norditalien geboren. Sie hat viele Länder kennengelernt und lebt heute mit ihrem japanischen Ehemann in der Schweiz. Ihre Bücher wurden in zahlreiche Sprachen übersetzt. Für ihr schriftstellerisches Schaffen wurde Federica de Cesco mehrfach ausgezeichnet.

Weitere lieferbare Bücher im Arena Verlag:

»Im Zeichen der roten Sonne«
»Im Zeichen der blauen Flamme«
»Flammender Stern«
»Frei wie die Sonne«
»Das Lied der Delphine«
»Emi und Tina – Venedig kann gefährlich sein«
»Emi und Tina – Goldenes Pferd«
»Emi und Tina – Der Tag, an dem Aiko verschwand«
»Emi und Tina – Der versteinerte Fisch«
»Emi und Tina – Ein Armreif aus blauer Jade«
»Emi und Tina – Die Spur führt nach Stockholm«
»Melina und die Delphine«
»Der Indianer in der 6b« (Arena-Taschenbuch Band 1774)

Federica de Cesco

Im Zeichen des himmlischen Bären

Arena

1. Auflage der Neuausgabe 1996

Einbandillustration: Gertraud Funke
Einbandkonzeption: Karl Müller-Bussdorf
Gesamtherstellung: Westermann Druck Zwickau GmbH
ISBN 3-401-04653-5

Karin Bär herzlich gewidmet

»In der Nacht sah ich die Sonne im blendenden Licht erstrahlen. Ich besuchte die Götter der Ober- und Unterwelt und betete sie an – unerschrocken ihrer Herrlichkeit ins Angesicht schauend.«

Apuleius (Die Isisweihe)

Erster Teil

1

Die Fänge des Adlers umklammerten die Querstange der Standarte, an die er mit einer Eisenkette gefesselt war. Wenn er die Schwingen ausbreitete und sein Gleichgewicht verlagerte, sah ich, wie der Standartenträger seine Muskeln spannte. Der Adler war so schwer, daß der Mann, der dicht hinter dem König ritt, regelmäßig abgelöst werden mußte. Es war eine besondere Ehre, die königliche Standarte zu tragen; nur verdienstvolle Krieger wurden für dieses Amt ausgewählt. Der Adler hieß Kana, der »Goldene Bote«. Er war gut abgerichtet, aber trotzdem noch gefährlich. Sein Flügelschlag konnte einen Menschen zu Boden reißen. Der Adler galt als Sinnbild der königlichen Macht, doch seine Funktion war nicht nur symbolisch: Die Tungusen benutzten ihn, um im Krieg den Feind aufzuspüren. Wenn der Adler nichts unter sich erblickte, flog er geradeaus mit regelmäßigen Bewegungen. Jagte er, glitt er unruhig hin und her. Hatte er seine Beute gesichtet, zog er immer engere und tiefere Kreise. Doch wenn er Menschen erspähte, schwebte er hoch empor und stand in der Luft still.

Kana war seinem Wärter treu ergeben: Stets kehrte er von seinen Erkundungsflügen zu den Menschen, die ihn mit frischem Fleisch versorgten, zurück. Ich hatte mich an seine Anwesenheit gewöhnt, doch hütete ich mich, in seine Nähe zu geraten.

Das dichte, federnde Moos dämpfte das Geräusch der unzähligen Hufe. Man vernahm nur das Klirren der Harnische, das Knicken der Zweige, wenn sich die Pferde durch das Dickicht kämpften. Das Heer ritt um einen bewaldeten Höhenrücken. Die Männer blickten hochmütig ins silbrige Sonnenlicht. Ihre Schuppenrüstungen leuchteten, die quastenbesetzten Lanzen federten und glitzerten. Sie trugen mit Leder eingefaßte Bronzehelme. Ihre Pluderhosen ließen ihre Taille, vom Schwertgurt umschlossen, noch schmaler erscheinen.

Die Standarten flatterten im Wind. Die Wappen der Gefechtskommandanten trugen die Abbildungen der fünf heiligen Tiere: Adler, Drache, Phönix, Schildkröte und Tiger. Auf der königlichen Standarte waren die Sonne und der Mond dargestellt, denn so wie diese Himmelskörper ihr Licht bei Tag und Nacht über die Welt verbreiten, so erhaben leuchtete der Herrscher über sein Volk.

Es war Sommer und sehr heiß. Die Luft war angefüllt vom Duft der Blumen und des Harzes, dem Geruch geölten Leders, den scharfen Schweißausdünstungen von Menschen und Tieren. Der Wind wehte vom Meer und verursachte einen Salzgeschmack auf der Zunge. Ich ritt neben König Iri, meinem Gemahl. Es war sein Wunsch gewesen, daß ich ihn auf diesem Feldzug begleitete. Als Tochter der Sonnenkönigin von Yamatai stand ich in hohem Ansehen: Es fiel mir leicht, das Vertrauen unserer Lehnsherren zu gewinnen, die uns ihre Krieger zur Verfügung stellten.

Fünf Jahre waren verstrichen, seit die Heilige Insel, auf der meine Mutter, Königin Himiko, ihre letzte Ruhestätte gefunden hatte, im Ozean versunken war. Eine gewaltige Springflut hatte die Bucht überschwemmt und unsere Hauptstadt Amôda bis in die Grundfesten zerstört. Durch Vorzeichen gewarnt, war es mir gelungen, das Volk in den Bergen in Sicherheit zu bringen. Nachdem der Zorn des Himmels und der des Meeres sich gelegt hatten und die Wassermassen zurückgeströmt waren, konnten wir an unsere einstige Wohnstätte zurückkehren. Die Stadt wurde wiederaufgebaut; ein neuer Palast wurde errichtet. Es war eine mächtige Festung, deren Prunk mich erdrückte.

Dem Orakel zufolge hatte ich den Tungusenfürsten Iri als Gatten erwählt. Er hatte seine Heimat Kara (Korea) verlassen und seinen Herrschersitz nach Amôda verlegt, wo er unter dem Titel »Sujin« (Allerhöchste Majestät) über unsere vereinigten Reiche regierte.

Die tragischen Ereignisse, die den Tod meiner Mutter herbeigeführt hatten, waren noch hellwach in mir. Noch immer zwang ich mich, die Erinnerungen aus meinem Bewußtsein zu bannen. Ich war noch nicht bereit, mir Rechenschaft abzulegen, denn ich wußte, daß nur die Zeit die Wunden der Vergangenheit mildern konnte.

Als Sonnenpriesterin hatte ich mich dem Dienst der Göttin Amaterasu, dem Quell allen Lebens, verschrieben. Doch aus Furcht, daran zu zerbrechen, hatte ich meine hellseherischen Fähigkeiten aus dem Bewußtsein verdrängt. Ich verbrachte viel Zeit im Heiligtum von Sugati, wo ich die heiligen Stoffe webte und mich den Wissenschaften der Pflanzen, Gestirne und Metalle widmete; auch die Geschäfte des Königreiches erledigte ich. Die Leute suchten mich auf bei Streitigkeiten über Grundbesitz oder Tribute. Wenn ich auch Gesetze anordnete, an den Ratsversammlungen teilnahm und Gesandtschaften empfing, so überließ ich den größten Teil der Staatsführung doch dem König. Das entsprach nicht unserer Tradition, und viele Leute murrten deswegen bei Hof: sie stellten Vergleiche an zwischen mir und meiner Mutter, die stets als erste über alles unterrichtet war. Es hieß, ich sei ihrer nicht würdig, denn ich hätte einem Fremden die Macht zugespielt.

Die Tungusen hatten unsere Stadt vor der Belagerung und der Vernichtung gerettet, doch ihre Gewohnheiten blieben uns fremd. Raufereien waren keine Seltenheit am Hafen oder auf dem Markt; es liegt nun mal in der Natur der Menschen, sich durch Unterschiede in Glauben und Sitten zu Feindseligkeiten hinreißen zu lassen. Trotzdem wußte ich, daß diese Differenzen geringfügig waren und daß wir im Laufe der Zeit zu einem einzigen Volk verschmelzen würden. So hatte es die Hüterin des Tempels geweissagt, so hatten es unsere Ahnen bestimmt, und so wollte es meine Mutter . . .

Die Jahre vergingen. Kinder hatte ich nicht geboren. Ich wußte, daß Iri sich immer häufiger mit Hofdamen vergnügte, aber es war zu unbedeutend, als daß ich Notiz davon nahm; auch ließ ich es zu, daß er seinen Brüdern und Verwandten Machtpositionen einräumte. Sein Ehrgeiz verhalf uns zu Sicherheit und Reichtum. Er vermied Sippenkriege, unterwarf die Häuptlinge verschiedener Stämme und zwang sie, dem Königshaus zu huldigen. Er unterhielt eine große Anzahl Sklaven, die in den Minen von Kuna nach Eisen, Kupfer, Gold und Edelsteinen gruben. Er ließ die Hafenanlagen ausbauen, die Dämme verstärken und Festungen entlang der Küste von Yamatai errichten. Unsere Schiffe mit den roten Segeln und den goldbemalten Flanken beherrschten das Meer und hielten die Piraten fern. Der Handel mit Übersee hatte sich derart ausgedehnt, daß kaum ein Tag verging, an dem nicht eine mit Waren beladene Galeere in See stach, eine fremde vor Anker ging.

Doch Iri wollte mehr: der Eroberungsdrang lag ihm im Blut. Er hatte sich zum Ziel gesetzt, die Handelswege in alle vier Himmelsrichtungen unter seine Kontrolle zu bringen. Der größte Teil des östlichen Archipels war noch unerforscht. Iri hatte bereits Stoßtrupps ausgesandt, die an strategischen Punkten Festungen errichten sollten. Sie waren bei ihrem Vormarsch in die Gebiete der Ainu eingedrungen, der Ureinwohner des Landes. Die Ainu hatten die Fremden gastfreundlich empfangen, sie mit Trinkwasser und Nahrungsmitteln versorgt. Doch als sie den Eroberungswillen der Eindringlinge bemerkten, setzten sich die Stämme zur Wehr. Bald überstürzten sich die Berichte von Überfällen und grausamen Gemetzeln, denen unsere Krieger zum Opfer fielen.

Daraufhin entschloß Iri sich zu Vergeltungsmaßnahmen und schickte eine gut ausgerüstete Reiterphalanx an das jenseitige Ufer des Yodo-Flusses. Die Streitmacht wurde in einen Hinterhalt gelockt: es gab keine Überlebenden. Im darauffolgenden Frühling ereignete sich an den Hängen des

Berges Ikoma ein Erdrutsch. In den Schutt- und Schlammmassen fand man vereinzelte Menschenknochen, vermoderte Lederteile und die Überreste eines Harnischs. Iri mußte einsehen, daß er es nicht mit einem gewöhnlichen Gegner zu tun hatte, sondern mit einem Volk, das bereit war, seine Freiheit teuer zu erkaufen. Dies bestärkte ihn in seinem Entschluß, die Ainu zur Übergabe zu zwingen, um so einen freien Zugang zur Ostküste zu haben. Es dauerte jedoch zwei volle Jahre, bis ein Geschwader von hundert Schiffen bereit war, um das Heer von mehr als fünftausend Mann über die Meeresenge nach Kawachi, unserer östlichsten Provinz, zu befördern.

Ich hatte vergeblich versucht, Iri von diesem Vorhaben abzubringen. Meine Gedanken flogen zurück zu jenem Abend in Amôda, als wir in der Dämmerung vor den Schiebetüren unseres Gemaches saßen. Ich erinnerte mich an den Duft der Sommerblumen, an den lauen Wind und an das goldene Sonnenlicht, das über den geschweiften Giebeln der Strohdächer lag. Iri saß damals vor mir in einem bauschigen gelben Seidengewand. Ein Stirnband war um sein geflochtenes, lackschwarzes Haar geschlungen. Seine Augen schimmerten dunkel und ließen die hochmütigen Lippen, das harte Kinn vergessen. Er hatte in der vertrauten Sprache mit mir geredet, die wir bevorzugten, wenn wir allein waren.

»Wir haben bereits Stützpunkte auf dem östlichen Archipel errichtet und Festungen entlang der Küste gebaut. Der Fluß Yodo ist breit und gut schiffbar. Wir könnten mit den Schiffen bis nach Shirakata gelangen, dann von dort aus auf dem Landweg zum Berg Ikoma vordringen und die aufständischen Stämme zur Unterwerfung zwingen oder vernichten.«

Ich verwünschte seinen Ehrgeiz und seine Habgier. Ich sah keinen Sinn darin, daß ein so mächtiges Königreich wie unseres ein ganzes Heer gegen ein Volk ins Feld schickte, das in Hütten wohnte und nur über einfache Waffen verfügte. Gewiß, ein Sinn lag schon darin: Iris Machtanspruch.

Doch ich wollte mich nicht mit ihm über Vernunft oder Gerechtigkeit auseinandersetzen, und so sagte ich nur: »Wir in Yamatai glauben, daß es Unheil bringt, die Ainu zu bekämpfen. Ihre Rache kann sich auf Saat und Ernte auswirken. Sie könnten die Gewässer vergiften und die Tiere im Wald gegen uns aufhetzen.«

Iris Augen funkelten belustigt. »Und du, wie denkst du darüber?«

Ich wich der Frage aus. »Über die Ainu wird Seltsames berichtet. Es heißt, daß sie wie Eidechsen an senkrechten Mauern hochklettern, wie Fische unter Wasser schwimmen und schneller als Damhirsche laufen. Man sagt auch, daß sie die Sprache der Tiere verstehen.«

»Du vergißt etwas: Sie sind auch Spezialisten im Aufschlitzen von Kehlen und Abtrennen von Köpfen.« Iris Stimme war hart, aber dann lachte er wieder. »Ihr in Yamatai seht die Dinge so, wie ihr sie sehen wollt oder wie ihr glaubt, daß sie sein sollten. Aber das ist kein Grund, um auf ein strategisch und wirtschaftlich bedeutungsvolles Gebiet zu verzichten.«

Ich sah auf die purpurnen Lichtfäden, die den Himmel färbten. Dann sagte ich: »Wir könnten versuchen, mit den Ainu zu verhandeln.«

Iri verzog verächtlich den Mund. »Ich verhandle nicht mit einer Horde Wilder!«

»Hör zu«, sagte ich besänftigend, »zur Zeit, als ich noch ein Kind war, beauftragte meine Mutter ihren Vetter Nagasume Tomi mit der Verwaltung der Provinz Kawachi. Er hatte sich selbst dazu vorgeschlagen, denn ein Fieber hatte seine junge Frau dahingerafft, und er hoffte, in der Einsamkeit der unerforschten Grenzgebiete ein neues Lebensziel zu finden. Als Befehlshaber der Provinz kämpfte er gegen die Ainu und errang zahlreiche Siege. Dann geschah es, daß er in einer Schlacht schwer verwundet wurde und von einem ›Ottena‹, einem Stammeshäuptling der Ainu, aufgenommen und gepflegt wurde. Bei den Ainu ist es Brauch, besonders tapfere Krieger, die in ihre Hände fallen, zu umsorgen und sie wie Gäste zu behandeln. Nagasume Tomi lernte ihre Sitten und ihre Verhaltensweisen kennen. Nach seiner Genesung blieb er bei ihnen und unterzog sich einem Ritual, das aus ihm – nach den Gesetzen und dem Glauben der Ainu – einen Stammesangehörigen machte. Wir sahen ihn nie wieder. Später wurde uns bekannt, daß er als Häuptling über zahlreiche ›Kotan‹ – das sind Stammesverbände – herrscht.«

»Abtrünnige scheinen in eurer Familie häufig vorzukommen!«

Er konnte seine höhnischen Bemerkungen nicht unterlassen. Das Blut schoß mir ins Gesicht, doch ich schwieg. Iri zog einen Fächer aus dem Ärmel und bewegte ihn hin und her, um eine Mücke zu verscheuchen. Ich spürte, daß er nachdachte.

»Ich will mich da nicht einmischen. Ihr in Yamatai tragt den Kopf sehr hoch. Wenn sich dein ehrwürdiger Verwandter auf die Seite der Eingeborenen schlägt, könnte es unangenehm für uns werden. Wenn er jedoch gewillt ist, unsere Herrschaft anzuerkennen, wären wir bereit, ihm vertragliche Garantien zuzusichern und die Verteidigung der Grenzgebiete seinen Schützlingen anzuvertrauen.« Während er sprach, beobachtete er mich aufmerksam. »Du stehst ihm am nächsten. Würdest du die Verhandlungen übernehmen, wenn der Augenblick gekommen ist?«

Ich erwiderte seinen Blick und dachte: Die Tungusen sind bei all ihrer Vernunft wahrhaftig sehr von sich eingenommen! Wie können sie erwarten, daß ein Mann seinen Eid bricht, nur, um sich Vorteile zu sichern? Doch ich behielt diesen Gedanken für mich und erwiderte sanft: »Er ist von meinem Blut, doch seine Seele ist mir fremd geworden. Ich werde mit ihm sprechen, aber mehr vermag ich nicht zu tun. Er wird nach dem Rat seines Herzens handeln.«

»Dann wird er sich töricht verhalten«, antwortete Iri.

Ich fragte ihn nicht, was er damit sagen wollte. Ich hatte ihn wenigstens dazu gebracht, Verhandlungen in Betracht zu ziehen. Kein Preis war mir zu hoch, um sinnloses Blutvergießen zu vermeiden; doch gab ich mich keinen falschen Hoffnungen hin: die Tungusen würden die Wälder verwüsten. Ihnen ging es nur um Eroberungen, Beute und Ruhm. Nagasume Tomi lebte seit Jahren bei den Ainu. Welche Entscheidung würde er treffen, wenn er die Freiheit und den Lebensraum seines Volkes bedroht sah?

Iris Stimme riß mich aus meinen Gedanken. »Wenn es mir gelingt, das Ostmeer zu erreichen«, sagte er feierlich, »werde ich an der äußersten Grenze des Landes ein Heiligtum zu Ehren der Göttin errichten. Das Gebäude soll aus Basaltblöcken und Edelhölzern entstehen und mit Zierat aus purem Gold versehen werden. Es wird höher sein als der höchste Festungsturm und Jahrhunderte überdauern ...«

Seine Augen funkelten. Seine Stimme hatte den düsteren, leidenschaftlichen Klang, den ich so gut kannte. Ich spürte seine Willenskraft, seine Macht. Ja, dachte ich, er wird sein Ziel erreichen. Einen Augenblick lang rieselte es mir kalt über den Rücken, doch ich zog die Hand nicht zurück, als er sie ergriff und streichelte ...

Ende des Kirschblütenmonats (März) verließ das Geschwader den Hafen von Amôda. Jede Galeere hatte fünfzig Krieger und zehn Pferde an Bord. Iri hatte die Regentschaft meinem Onkel Tsuki-Yomi, »Majestät Wächter des Mondes«, übertragen, einem kühlen, besonnenen Mann, der den üblichen Hofintrigen gelassen gegenüberstand. Iri hatte eine kluge Wahl getroffen, denn er wußte, daß sich seine Abwesenheit über Jahre hinziehen konnte. Als Bruder der verstorbenen Sonnenkönigin wurde Tsuki-Yomi eine besondere Verehrung zuteil ...

Wir überquerten die Meerenge und gingen bei Takeri, einer unserer ersten Niederlassungen, an Land. Die Ankunft des Riesenheeres brachte unzählige Versorgungs- und Unterkunftsschwierigkeiten mit sich. Es entstanden Unruhen, denn die Soldaten plünderten die Felder und die Hütten der Bauern. Es war bereits Sommer geworden, als wir mit tausend Reitern aufbrachen, um auf dem Landweg die Festung von Takashima zu erreichen. Dort sollten unsere Schiffe uns erwarten.

Bei diesem Marsch hatten wir unsere ersten Begegnungen mit den Ainu. Sie lebten in Dörfern, deren Strohhütten sich leicht in Brand stecken ließen. Iris Befehl lautete, die Männer zu töten und die Frauen und Kinder als Sklaven zu verschleppen. Doch die Tungusen merkten bald, daß die Frauen sich mit der gleichen Unerschrockenheit zur Wehr setzten wie die Männer, und sie begannen, alles, was sich regte, niederzumetzeln. Die Grausamkeiten auf beiden Seiten widerten mich an, doch sie gehörten zur Wirklichkeit des Krieges.

Da erreichte uns eine folgenschwere Nachricht aus Takeri. Die Tungusen benutzten von jeher Brieftauben, um Botschaften zu übermitteln, und wir hatten diesen Brauch auch in Yamatai eingeführt. Die Taube war am Vorabend in unserem Lager eingetroffen, und einer der Offiziere hatte sie behutsam dem König überbracht. Ein winziger Zylinder aus gehämmertem Silber war an einem ihrer Beine befestigt. Vorsichtig hatte Iri den Zylinder gelöst und das Siegel aufgebrochen. Die Botschaft war von seinem Vetter Yi-Am, dem Oberbefehlshaber der Flotte. Er teilte Iri mit, daß Nagasume Tomi mit einem Heer von über zweitausend Ainu an der Mündung des Yodo-Flusses lagerte.

Iri hatte sofort eine Ratssitzung einberufen. Die Entschlüsse der Tungusen konnten sich so plötzlich ändern wie der Steppenwind die Richtung. Iri lag viel daran, Nagasume Tomi als Vasall zu gewinnen. Und er wollte vermeiden, daß weitere Ainu-Stämme sich Nagasume Tomi anschlossen und dadurch sein ohnehin schon gewaltiges Heer verstärkten.

Die Zeit drängte: Noch am gleichen Abend wurde beschlossen, vor Morgengrauen aufzubrechen und den Rückzug nach Takeri anzutreten. Vier Tage waren wir bereits unterwegs und ritten ohne Ruhepausen. Die Zähigkeit und Ausdauer der Tungusen war bewunderswert: sie konnten zehn Stunden und mehr im Sattel verbringen und dabei ihre Pferde schonen, so daß die Tiere bis zum Abend durchhielten.

Mein Reittier hieß »Shiro-Uma« (Weißes Pferd). Es war ein hochgewachsener, feingliedriger Schimmel mit braunen Augen und Hufen, die wie polierte Muscheln glänzten. Sein Zaumzeug war aus feinstem Leder; die silberne Mähne war nach Tungusenart geflochten und mit Amuletten geschmückt. Sein leichter Harnisch aus Kupferplättchen klirrte bei jedem Schritt: Es klang hell und zart wie Glöckchen. Ich trug weite Hosen wie ein Mann, lederne Beinschützer und darüber einen gegürteten Überwurf aus dunkelblauer Baumwolle. Ein breitrandiger Strohhut, der mit einem durchsichtigen Schleier versehen war, schützte mich vor der Sonne. Als Waffe führte ich meinen Bogen mit, der Köcher mit Pfeilen hing über meinem Rücken.

Hinter mir ritt meine Leibgarde. Sie bestand aus zehn ausgesuchten Männern. Ihr Befehlshaber, Kuchiko, war Leibwächter meiner Mutter gewesen. Er war ein hagerer, schweigsamer Mann, der mir das Waffenhandwerk als Kind beigebracht hatte: ihm verdankte ich meine Kunstfertigkeit im Bogenschießen. Iri hatte gemeint, er sei zu alt, aber ich bestand darauf, ihn an meiner Seite zu wissen. Obgleich sein Haar jetzt ergraut war und man ihm ansah, daß er ein hartes Leben hinter sich hatte, hielt er sich noch gerade wie ein Speer, und nichts entging seinen wachsamen Augen.

Ich hatte eine einzige Dienerin bei mir. Sie hieß Maki und war fünfzehn Jahre alt. Sie war die Tochter meiner Amme Miwa. Ich hatte sie ausgewählt, weil sie verschwiegen und anpassungsfähig war und sich nicht vor den Pferden fürchtete. Trotz ihrer Anmut war sie sehr zurückhaltend, und ich sah sie nie nach den Soldaten schielen, was mir manchen Ärger ersparte.

Für mich war der lange Ritt sehr beschwerlich: ich fühlte mich wie zerschlagen. Die kurzen Nachtstunden verbrachten wir in den Zelten, die für uns aufgestellt wurden, während die Soldaten um die Feuer lagerten. Trotz meiner Müdigkeit fand ich keinen Schlaf. Manchmal lag ich bis zum Morgengrauen wach und betrachtete durch die Zeltöffnung die Sterne, die langsam am Himmel verblaßten. Königin zu sein, dachte ich, was bedeutet das? Für sein Volk dazusein und für Gerechtigkeit zu sorgen? Oder Krieg zu führen, um das Reich zu vergrößern und seine Macht zu festigen? Es waren quälende Fragen, aber niemand war da, der mir Antwort geben konnte...

Der Weg nach Takeri führte an der Küste entlang. Es war eine felsige Gegend mit Wäldern, die selten den Blick aufs Meer freigaben. Dann wieder tauchten wir in eine Schlucht und ritten lange Zeit durch ein ausgetrocknetes Flußbett, in dem nur noch ein schmales Rinnsal floß. Die Pferde wurden getränkt und gefüttert, bevor ihnen die Tungusen die Mäuler wieder zubanden und im raschen Trab weiterritten. Wir hofften, Takeri noch vor der Dämmerung zu erreichen. Boten waren mit den nötigen Anordnungen vorausgeschickt worden, damit wir die Schiffe bei unserem Eintreffen seeklar vorfanden.

Die Sonne sank, als die Vorhut des Heeres östlich von Takeri die Paßhöhe erreichte und den Abstieg zur Küste begann. Die Reiter jubelten und schwangen ihre Speere. Sie spornten ihre Pferde mit schrillen Pfiffen an und jagten die erschöpften Tiere den Abhang hinunter. Den Hafen bildete eine halbmondförmige Bucht: es war ein großer, sicherer Hafen mit einer gepflasterten Uferstraße und steinerner Mole. Die Festung selbst mit ihren steilen Mauern und hohen Zinnen glich einer riesigen Bienenwabe, die am flachen Hang des Berges klebte.

Trotz der Müdigkeit und meiner bösen Vorahnungen

erfüllte mich der Anblick, der sich mir von der Anhöhe aus bot, mit Stolz: die hundert Kriegsgaleeren lagen ringsum an den Hafenmauern. In der Sonne leuchteten sie golden, und die schrägen Schatten zeichneten sich auf dem tiefblauen Wasser ab. Die mächtigen roten Segel blähten sich im Abendwind. Es war ein prächtiges Geschwader, das den Eindruck von Erhabenheit und Unbesiegbarkeit vermittelte.

Der Pfad führte durch terrassenförmig angelegte Reisfelder und endete in einem großen Steintor mit geschweiftem Strohdach, das den Eingang zum Hafen freigab. Bauern, die auf den Feldern arbeiteten, liefen herbei und warfen sich zu Boden. Sie drückten die Stirn in den Staub und verharrten regungslos, während der König mit seinem Gefolge vorbeiritt.

Iris Gesichtsausdruck war finster. Seit einigen Stunden war der Schritt seines Hengstes Aka-Uma unregelmäßig und zögernd. Iri scheute nicht davor zurück, seine Leute bis zur äußersten Erschöpfung anzutreiben, doch wenn es um das Wohlergehen seines Pferdes ging, war er sehr besorgt. Aka-Uma, das »Rote Pferd«, war ein prachtvoller Fuchs mit klugen, leuchtenden Augen, dessen Fell glänzte wie karminrote Seide. Seine mächtige Brust, seine hohen Flanken, seine schlanken und doch kräftigen Beine zeugten von edelster Abstammung.

Ein gewundener Pfad führte hinauf zur Festung, deren Mauerblöcke aus demselben Granitstein bestanden wie die dahinterliegende Felswand. Das Fallgitter war hochgezogen; zahlreiche Soldaten, mit Lanzen und Schwertern bewaffnet, blickten von den Böschungen, Wällen, Zinnen und Bastionen dem Reiterheer entgegen. Die Hufe donnerten auf der Holzbrücke, die über eine enge Schlucht führte. Wir durchquerten das hohe, eisenbeschlagene Tor und gelangten in den ersten Innenhof.

Die Offiziere stellten sich in einer Reihe auf, und Stallknechte hasteten herbei, um die Pferde in Empfang zu nehmen. Iris Bruder Itzuse, dem die Festung in Abwesenheit des Königs anvertraut war, eilte die Stufen herunter. Drei Schritte vor dem Herrscher blieb er stehen und verneigte sich. Itzuse war fünf Jahre jünger als Iri und bewunderte ihn grenzenlos. Er hatte elfenbeinfarbene Haut, fein geschnittene Züge und ein vornehmes, zurückhaltendes Auftreten. Er trug ein Gewand aus goldgelber Seide und einen leichten Harnisch aus Bambus und Silberplättchen. Eine Silberspange schmückte sein hochgebundenes Haar. Er war außer Atem vor Aufregung. »Willkommen, Majestät. Habt Ihr eine angenehme Reise gehabt?«

»Danke«, erwiderte Iri zerstreut. Er nahm seinen Helm ab und reichte ihn einem Diener. Dann bückte er sich, um Aka-Umas Fuß zu untersuchen. Das Pferd zitterte, blieb aber stehen. Iri schnalzte leicht mit der Zunge. Er winkte dem Stallaufseher. »Ein Schilfsplitter scheint in den Huf eingedrungen zu sein, und die Wunde hat sich entzündet. Sieh zu, daß du den Splitter entfernst, ohne dem Tier Schmerzen zu bereiten. Wasch dann die Wunde mit kaltem Wasser aus und mach einen Umschlag aus heilenden Kräutern. Ich will das Pferd morgen bei frischen Kräften vorfinden.« Er streichelte Aka-Uma. »Ruh dich gut aus«, sagte er mit der Zärtlichkeit eines Liebhabers, »bald wirst du wieder gesund sein.«

Er warf dem Aufseher die Zügel zu. Dieser verneigte sich stumm, während ihm Iri den Rücken zukehrte und sich an seinen Bruder wandte. »Sind die Schiffe bereit?«

»Jawohl, Herr.« Itzuses Stimme klang atemlos und glücklich. »Ich habe persönlich darüber gewacht, daß Eure Anordnungen befolgt wurden ...«

»Gut.«

Iri stieg die Stufen hinauf und betrat mit ausholenden Schritten die Festung. Itzuse folgte ihm in respektvollem Abstand. »Mit Eurer Erlaubnis, Herr, dürfte ich eine Bitte aussprechen?«

»Nun?« Iri verlangsamte kaum seinen Schritt.

Ich sah, wie eine flüchtige Röte Itzuses Wangen überzog. »Ich möchte Euch auf Eurem Feldzug begleiten! Wir ... wir haben genug fähige Männer, die die Festung halten können. Schließlich befinden sich fünfhundert Krieger hier, und sie können jederzeit die Bevölkerung mobilisieren.« Die Worte sprudelten aus ihm hervor. »Ich verschwende meine Zeit hinter Festungsmauern, während Ihr Eure Feinde auf der ganzen Welt vernichtet! Gestattet mir, an Eurer Seite auf dem Schlachtfeld Erfahrungen zu sammeln!«

Er zog ein Tuch aus dem Ärmel, wischte sich den Schweiß von den Händen, und ich verbiß mir ein Lächeln. Er war wirklich noch sehr jung.

Iri war stehengeblieben und betrachtete ihn amüsiert.

Er war Itzuse besonders zugetan, vielleicht, weil noch keine Gefahr bestand, daß der Jüngling nach einer Machtstellung trachtete, die dem König gefährlich werden könnte. So legte er ihm die Hand auf die Schulter und erwiderte lächelnd: »Wir wollen Eure Ungeduld nicht länger im Zaum halten. Ihr habt Zeit bis zum Morgengrauen, um Eurer Schwert zu schärfen!«

Itzuse verneigte sich. Seine Augen leuchteten. »Ich danke Euch, Majestät. Verzeiht, daß ich Euch aufhielt.«

Die Männer arbeiteten die ganze Nacht, um die Pferde, Waffen, Vorräte und das Gepäck an Bord zu schaffen. Das Morgenrot war bereits verblaßt, und das klare, helle Sonnenlicht flutete verschwenderisch über die Berge, als das Geschwader langsam aus dem Hafen auslief. Der Wind spannte die Segel, während die Galeeren an den schaumüberspülten Klippen vorbeisteuerten. Ich stand am Bug des Schiffes, in einen Mantel gehüllt, und sah auf die Felszakken, die sich wie schwarze Krallen aus der Gischt hoben.

Die königliche Galeere hieß »Seefalke«. Ihre Flanken waren mit goldenen Schwingen bemalt, und ihre mächtige Galionsfigur zeigte den Kopf des Raubvogels, dessen Namen sie trug. Sie war ein Zweimaster und bot genügend Platz für Mannschaft und Krieger. Die Pferde waren auf dem Hinterdeck untergebracht. Überall standen Wachen, und nachts wurden sie verdoppelt.

Bald lag der Hafen weit hinter uns, wir steuerten auf die offene See hinaus. Die Galeeren fuhren in geschlossener Formation. Strömung und Wind trieben sie kraftvoll dem blauen Horizont entgegen. Ich hörte das Flattern der Segel, das Knirschen der Taue, das gleichmäßige Rauschen der Wellen. Hier und da vernahm ich das Zischen der Peitsche, die der Aufseher über den Ruderern schwang, während der Taktmeister den Rhythmus mit dem Hammer angab. Die Sklaven wurden vor allem unter den Kriegsgefangenen ausgesucht; sie kamen aus aller Herren Länder: darunter waren untersetzte, breitschultrige Malaien, die als erstklassige Ruderer galten, und schlitzäugige Chinesen. Sie trugen den Kopf kahlgeschoren, bis auf einen langen Zopf, der ihnen als Zeichen ihres Sklaventums über den Rücken baumelte.

Die schönen, schlanken Schiffe flogen über die Wellen. Zuweilen kam ein grüner, dichtbewaldeter Küstenstreifen in der Ferne in Sicht, dann verschwand er wieder wie das Bild eines unruhigen Traumes. Albatrosse kreisten über den Masten. Auf der Schiffsbrücke war ein Baldachin für den König und sein Gefolge errichtet worden. Yi-Am, der Oberbefehlshaber der Flotte, wich nicht von der Seite des Kapitäns. Die vielen zerstreut liegenden kleinen Inseln erforderten größte Wachsamkeit. Würde ein Schiff von der Brandung erfaßt und auf die Klippen geworfen, wäre es verloren.

Ich hatte Yi-Am am Hof von Nimana kennengelernt und ihn nie gemocht. Er hatte ein glattes Gesicht mit hohen Wangenknochen, in dem Eigensinn und Grausamkeit lagen. Das Haar war seitlich hochgesteckt und hinten zu einem Knoten gewunden, der unter dem Bronzehelm festgesteckt war. Unter dem stählernen Brustharnisch trug er ein Wams mit gestärkten Flügelärmeln. Zwei Schwerter steckten in seiner breiten seidenen Schärpe. Wie alle Tungusen trug er einen Gürtel aus Leder und Goldplatten, an dem an kleinen Ketten das traditionelle Sattelzubehör der Steppenreiter baumelte: ein kleines Messer, ein Spiegel, ein Wetzstein und ein Feuerstein.

Wenig später spürte ich am leichten Rollen des Schiffes, daß der Wind sich gedreht hatte. Ich hörte den Kapitän und Yi-Am lebhaft miteinander reden. Yi-Am befehligte das Geschwader, aber Noburu war ein Seemann aus Yamatai, der sein Schiff und die Gewässer kannte. Der Wind trug ihre Stimmen zu mir herüber. Noburu versuchte Yi-Am von der Notwendigkeit zu überzeugen, den Kurs zu ändern und in südlicher Richtung zu segeln.

»Der Wind wird in der Nacht umschlagen. Wenn die Nord- und Oströmungen aufeinanderstoßen, bilden sich gewaltige Strudel, die den Schiffen zum Verhängnis werden können.«

»Wieviele Tage würden wir dabei verlieren?« Yi-Ams Stimme klang schroff.

»Einen Tag, Herr. Vielleicht zwei, wenn wir die Halbinsel Kii umsegeln.«

Yi-Am musterte ihn kühl. »Das ist ein großer Umweg.«

»Jawohl, Herr.« Noburu verbeugte sich entschuldigend. »Aber der Sog der Strömung kann die Schiffe abtreiben und in die Tiefe ziehen.«

»Welchen Kurs laufen wir jetzt?«

»Immer noch nach Osten, Herr.«

»Behalte den Kurs. Ich übernehme die Verantwortung.«

»Aber, Herr, der Wind ...«

Yi-Am fauchte: »Halte deine Zunge im Zaum!«

Seine Augen waren hart und blutunterlaufen. Die rechte Hand umfaßte den Schwertgriff.

»Jawohl, Herr.« Noburu schluckte, nach außen Würde bewahrend, im Innern jedoch zitternd. »Wie Ihr befehlt, Herr.«

Yi-Am grüßte ehrerbietig, als er an mir vorbeischritt.

Ich grüßte zurück mit unbeweglicher Miene. Seine Arroganz war mir zuwider. Auch konnte ich nicht vergessen, daß er mich einst gedemütigt hatte . . .

Gegen Abend erhob sich der Wind. Die See schäumte. Aus dem sanften Wiegen des Schiffes wurde ein Schaukeln, und die Ruderer stemmten sich mit aller Kraft in die Riemen. Ich stand an Deck und beobachtete das Einziehen der Segel, als Noburu, der Kapitän, sich vor mir verneigte. Er war ein dunkelhäutiger, sehniger Mann, dessen scharfe Augen unter glatt herabhängendem Haar hervorblitzten. Ich spürte sofort, daß er eine schlechte Nachricht brachte. Wenn es schlechte Nachrichten gab, kamen die Leute immer zuerst zu mir.

»Majestät, der Wind frischt zu heftig auf«, sagte er gepreßt. »Es wird uns nur schwer gelingen, die Schiffe unversehrt durch die Strömung zu steuern. Ich versuchte, den ehrwürdigen Yi-Am davon in Kenntnis zu setzen, aber ich fürchte, daß er meine Warnung unterschätzt hat.«

Ich gab ihm durch ein Kopfnicken zu verstehen, daß ich es wußte. »Wie könnten wir der Gefahr entgehen?« fragte ich, Ruhe vortäuschend.

»Es gibt zwei Möglichkeiten, Majestät. Die erste und sicherste wäre, die Schiffe treiben zu lassen und günstigen Wind abzuwarten.«

Ich dachte bei mir: Dazu wird der König niemals bereit sein!

Noburu las die Antwort in meinem Blick, denn er stieß hörbar den Atem aus.

»Und die zweite wäre?« fragte ich.

»Daß der Rudermeister die Sklaven zu äußerster Anstrengung zwingt. Wir müssen die Schiffe so schnell wie möglich aus den gefährlichen Gewässern bringen.«

»Gebt die nötigen Anweisungen«, sagte ich. »Ich werde es den König wissen lassen.«

Bald darauf ertönte das Dröhnen des »Dora«, des Bronzegongs, der uns dazu diente, Signale von Schiff zu Schiff zu übermitteln. Zwei Männer schlugen mit einem stoffumwickelten Hammer im Takt darauf. Der gewaltige, summende Schwington hallte weithin über das Meer.

»Alle Segel hissen!« brüllte Noburu. »Kurs halten! Alle Mann an die Fallen!«

Der Rudermeister gab ein schnelleres Tempo an, die Männer legten sich mit aller Kraft in die Riemen. Das Vibrieren der Segel steigerte sich zu einem einzigen wirren Flattern. Ich kehrte den Windböen den Rücken zu und klammerte mich an einem Tau fest. Die Erinnerung an den Schiffbruch, den ich einst erlebt hatte, machte mir panische Angst. Kalter Schweiß bedeckte meinen Körper. Doch damals waren wir Opfer eines Sturms geworden; heute wölbte sich der Himmel wie ein gelbroter, blinkender Schild über uns. Soweit das Auge reichte, schaukelte Schiff an Schiff. Die Galeeren schienen wie schwarze Speere durch flüssiges Feuer zu gleiten.

Noburu schaute zu den Galeeren hinüber, die wir mit vollen Segeln überholten, und heftete dann seinen Blick auf das Wasser, um die Richtung abzuschätzen, in die wir steuern mußten. Er brüllte Befehl auf Befehl. Weil jedes Schiff auf den Wind angewiesen war, blieb nur wenig Raum, um zu manövrieren, und die Gefahr, sich gegenseitig zu rammen, vergrößerte sich zusehends. Die Bugwellen und das Kielwasser schäumten. Windstöße blähten die Segel.

Plötzlich schleuderte die Strömung unsere Galeere seitwärts. Das Schiff erbebte und neigte sich nach Steuerbord. Starr vor Schreck sah ich, wie der Sog des Wassers uns mit rasender Geschwindigkeit auf das Nachbarschiff zutrieb.

Der Steuermann warf die Pinne herum. Der Taktmeister wechselte den Rhythmus. Unendlich langsam wendete das Schiff. Dann, als der Wind plötzlich mit voller Kraft die Segel blähte, begann sich der Bug immer schneller zu drehen, bis die Galeere mit einem gewaltigen Satz vorschnellte. Ich taumelte entsetzt gegen Iri. Eng umschlungen gewahrten wir, wie das andere Schiff dröhnend und knarrend an uns vorbeiflog. Für einen Augenblick waren beide Galeeren einander so nahe, daß wir die verzerrten Gesichter der Mannschaft erblicken konnten, die sich an das schräg liegende Achterdeck klammerte.

Die Ruderer atmeten schwer. Schweiß lief ihnen über Hals und Rücken. Einer brach zusammen und mußte ausgewechselt werden. Doch das war erst der Anfang. Immer wieder brachte die Strömung die Schiffe vom Kurs ab, schleuderte sie hin und her. Die Brecher schienen aus allen Windrichtungen zusammenzuströmen und sich untereinander zu bekämpfen. Die Wogen zogen die Galeeren mit sich, ließen sie treiben wie Strohhalme.

Ein ohrenbetäubendes Krachen: eine Galeere, nicht weit von uns, hatte eine andere gerammt. Ich sah die Eichenbohlen und die Planken auseinanderbersten. Die Takelage wurde über Bord gefegt, die Masten neigten sich und barsten, die Segel begruben die Mannschaft unter sich. Männer und Pferde stürzten ins aufgewühlte Meer. Die Seeleute klammerten sich verzweifelt an die Balken, die in den Wellentälern trieben. Es war unmöglich, ihnen zu Hilfe zu kommen. Jeder Kapitän konnte nur auf das Heil seines eigenen Schiffes bedacht sein.

Wenig später prallten zwei andere Galeeren aufeinander: sie rammten sich mit solcher Wucht, daß sie fast augenblicklich sanken. Ein Pferd wurde von der Strömung in unsere Nähe getrieben. Ich sah seine vor Schreck geweiteten Augen, hörte den dumpfen Aufprall, als das Tier gegen die Schiffsflanke geschleudert wurde.

Die Nacht brach an. Auf den Schiffen wurden Fackeln angezündet. Die Kräfte der Ruderer ließen immer schneller nach. Man schaffte die ohnmächtig gewordenen Männer unter Deck. Ich sah ihre Rücken, die mit blutigen Striemen überzogen waren. Neue Sklaven wurden aus dem Kielraum gebracht und an die Ruder gekettet. Eine bleiche, kalte Mondsichel funkelte am Horizont.

Stunde um Stunde verging. Mir war elend zumute, und die Kälte durchdrang meinen Körper. Manchmal fielen mir die Augen zu, doch ein plötzliches Knarren der Masten, ein wütendes Zerren der Segel riß mich immer wieder aus meinem Erschöpfungsschlaf. Das Auf und Ab der Gongschläge dröhnte in meinen Ohren. Das Wasser schäumte und zischte.

Die Rudermannschaft war bereits dreimal abgelöst worden, als von Osten her ein schmaler Lichtstreifen den Horizont erhellte: der Himmel schimmerte grau, während die See noch in Dunkelheit getaucht war. Doch mir schien, daß das Tosen der Brandung, das wilde Schaukeln der Wellen allmählich nachließ.

Iri löste seinen erstarrten Arm, mit dem er meine Schultern umfaßt hielt. Unsere Augen trafen sich im Halbdunkel. »Die Strömung wird ruhiger«, sagte ich. Er nickte. »Ich glaube, wir haben das Schlimmste überstanden . . .«

Wir traten an die Reling. Die Helligkeit breitete sich gleichmäßig aus. Soweit das Auge reichte, war die See mit Segelfetzen, Tauen, Planken und Fässern übersät. Überlebende sahen wir nicht, denn auch der beste Schwimmer hätte nicht gegen die Strudel ankämpfen können. Iri nahm seinen Helm ab und strich sich müde über die Stirn.

»Wir haben viele Schiffe verloren«, sagte er bitter. Wieviele, das erfuhren wir erst nach Sonnenaufgang. Durch einen Signalaustausch wurde gemeldet, daß sieben Schiffe der Strömung zum Opfer gefallen waren. Das bedeutete einen Verlust von wenigstens zweihundert Mann und dreißig Pferden.

Iri erbleichte, als man ihm die Nachricht überbrachte. Yi-Am stand vor ihm mit steinernem Gesicht. Er trug seinen Helm unter dem Arm und hielt den Kopf gesenkt. »Ich war es, der die Verantwortung übernahm. Möge Ihre Majestät geruhen, mich zu richten.«

Iri starrte düster vor sich hin. Er verfluchte seine eigene

Unbedachtsamkeit und konnte dem Mann nichts vorwerfen.

»Das Schicksal hat es so gewollt«, sagte er schroff. »Ihr hattet die Befehle auszuführen.«

Yi-Am verneigte sich kühl und entfernte sich, seine Erleichterung verbarg er hinter einer undurchschaubaren Miene.

Iri lehnte sich zurück. Trotz der Kälte war sein Gewand auf dem Rücken schweißgetränkt. Er entließ mit einer ungehaltenen Handbewegung Itzuse, der seekrank war und unsicher auf den Beinen stand. Als wir allein waren, wandte er sich mir zu. Die grelle Morgensonne schien in sein blasses Gesicht. Zum ersten Mal las ich Zweifel, ja Furcht in seinen Augen. Er sprach mit rauher Stimme: »Priesterin, sagt, hat mich mein Glück verlassen?«

Bei seinen Worten spürte ich ein seltsames Erschauern. Eine unbestimmbare Angst erfaßte mich. Ich dachte: Es ist nicht gut, wenn ein König an sich selbst zweifelt. Mit leiser Stimme hörte ich mich sagen: »Sorgt Euch nicht, Fürst. Das Sternenschwert beschützt uns.«

Er starrte mich an, und in seinem schmalen Gesicht zuckte es. Aber der verstörte Ausdruck war von ihm gewichen. Etwas Kaltes, Lauerndes stieg in seinen Augen auf. Ich sann den Worten nach, die ich selber ausgesprochen hatte, und wünschte, sie niemals gesagt zu haben.

»Ihr meint das Schwert mit den sieben Klingen ...« Ein dünnes Lächeln umspielte Iris Lippen. Ich sah, daß er überlegte.

Das Schwert war einst der Sonnengöttin geweiht worden. In Friedenszeiten wurde es im Heiligtum aufbewahrt, doch es begleitete stets den König auf seinen Feldzügen: Es war das Wahrzeichen unserer Einheit, Symbol des Sieges. In weiße Seide gehüllt, ruhte es in einer Truhe aus Ebenholz. Zwei Priesterinnen waren dazu auserwählt, es abwechselnd Tag und Nacht zu bewachen. Eine Sänfte und eine besondere Leibgarde standen ihnen zur Verfügung.

Das Schwert mit den sieben Klingen war meiner besonderen Obhut anvertraut. Es war lange her, seit ich die kostbare Truhe das letzte Mal geöffnet hatte, und ich wünschte mir, sie nie wieder öffnen zu müssen . . .

An jenem Tag jedoch wurde nicht mehr darüber gesprochen. Ein Diener brachte uns heißen, schäumenden Tee, der uns belebte. Iri hatte seine Zuversicht wiedergewonnen. Die gefährlichen Strömungen lagen hinter uns. Die Sonne schien warm. Das Meer war schwarzblau wie geschmolzenes Eisen. Iri erhob sich, um nach den Pferden zu sehen, und ich stieg hinunter in die Unterkunft, die mir zur Verfügung stand. Maki lag stöhnend auf der Matte. Sie war grün im Gesicht und hatte kaum die Kraft, mir die feuchten Kleider vom Körper zu ziehen. Im Halbdunkel sah ich Hana und Etsu, die beiden Priesterinnen, unbeweglich vor der Truhe knien. Ihre weißen Gewänder mit dem roten Überwurf lagen in geordneten Falten um ihre Knie. Ihre Haut war von kühler, durchscheinender Blässe, ihre ruhigen Hände wie aus Elfenbein geschnitzt. Ich grüßte, und sie erwiderten stumm meine Verbeugung. Ein Lichtstrahl fiel auf die schimmernde Oberfläche der Truhe. Ich wandte den Blick ab. Die Priesterinnen hatten sich nicht gerührt. Ihre Augen waren unergründlich wie schlafende Gewässer, und ich beneidete sie um den Frieden ihrer Herzen . . .

Der Tag verging ohne Zwischenfall, und auch die Nacht verlief ruhig. Vom beständigen Westwind getrieben, glitten die Schiffe durch die Wellen. Der Morgenhimmel färbte sich rosa und violett, als die Küste von Kawachi in Sicht kam. Der Wind wehte einen unbestimmbaren Geruch über das Wasser: Es roch nach Pflanzen, Tang und Sumpf. Möwen kreisten über den Masten mit wildem Geschrei, während sich die Schiffe dem Land näherten. Soweit der Blick reichte, war die Ebene mit Schilf bewachsen. Die Berge waren nur als unbestimmte blaue Schatten am Horizont zu erkennen.

Langsam und regelmäßig schlugen die Ruder ins Wasser.

Bald kam die Flußmündung in Sicht; die Wellen, die sich über eine weite Strecke landeinwärts verliefen, schäumten und färbten das Meer gelblich. Wir standen unter dem Baldachin und beobachteten die Küste. Die Sonne stieg und verbreitete glühende Hitze, doch Iri schien sie nicht zu empfinden. Sein Ausdruck war argwöhnisch und gereizt.

»Uns wurde berichtet, daß Nagasume Tomi mit zweitausend Mann sein Lager an der Flußmündung aufgeschlagen hat. Wir waren überzeugt, daß er kämpfen oder verhandeln wollte. Warum sollte er sich im letzten Augenblick zurückgezogen haben? Mir gefällt das nicht...«

Yi-Am stand regungslos an seiner Seite. »Auch mir nicht, Majestät. Sie müßten das Geschwader schon längst gesichtet haben. Ich habe den Eindruck, sie wollen uns in einen Hinterhalt locken oder uns einen eindrucksvollen Empfang bereiten.« Er warf Iri einen flüchtigen Blick zu, um sich zu vergewissern, wie er seine Worte aufnahm, und fügte hinzu: »Mit Eurer Erlaubnis, Majestät, möchte ich vorschlagen, eine geschützte Stelle aufzusuchen und vor Anker zu gehen. Dann können wir in Ruhe abwarten, bevor wir weiter stromaufwärts steuern...«

Ein Warnschrei tönte von der Wache herüber. Der Kapitän, der hinter den Offizieren stand, drängte sich vor. Sein scharfer Blick suchte den Küstenstreifen ab. Er streckte den Arm aus: »Majestät, da sind sie...!«

Aller Augen wandten sich in die Richtung. Ein Raunen verbreitete sich an Deck. Mir stockte der Atem. Dort, wo die schäumenden Wellen ins Landesinnere schlugen, waren plötzlich unzählige wendige Boote aufgetaucht, die wie Wasserschlangen durch die spiegelnde Brandung glitten. Immer mehr Boote drangen von allen Seiten aus dem Schilf, um sich an der Flußmündung in dichten Reihen zu sammeln. Es mußten Hunderte und Aberhunderte sein. Ich hob die Hand über die Augen, um besser sehen zu können. Die Boote waren aus ausgehöhlten Baumstämmen angefertigt, deren Bug und Heck spitz aufragten. Jedes von ihnen war mit acht Ruderern besetzt.

Ohne die Augen von dem unüberschaubaren Gewimmel zu wenden, gab Iri ein Zeichen.

Itzuse trat vor. Er zwang sich zur Beherrschung, doch seine Augen leuchteten vor Aufregung. »Majestät?«

»Gib dem Geschwader bekannt, daß es auf offener See warten soll.«

»Zu Befehl, Majestät.«

Er eilte von Deck, um die Anordnung weiterzuleiten. Am Bug begann die Bronzescheibe schwer und dumpf zu dröhnen. Die Ruder peitschten Gischt auf. Die Fahrtgeschwindigkeit der Begleitschiffe verlangsamte sich, während der »Seefalke« sich der dichten, schaukelnden Bootsfront näherte. Die Boote wurden vom Wellengang auf und nieder geworfen, doch keines bewegte sich von der Stelle. Atemlose Spannung herrschte. Ich spürte meinen Puls schneller schlagen. Wenn sie nicht auseinanderrücken, dachte ich, werden wir sie rammen ...

Plötzlich, als wir nur noch einige Ruderlängen von der Bootsfront entfernt waren, tat sie sich auf: mit kleinen, geschickten Stößen trieben die Ruderer die Boote zur Seite, so daß sich ein offener Weg bildete, durch den die Galeere hindurchglitt. Ich sah deutlich die Männer, die in den Booten standen. Ihre Kleidung war aus Pflanzenfasern hergestellt: Sie bestand aus einer Art kurzer Hose, die die Schenkel freiließ, und einem Überwurf mit weiten Ärmeln. Die Haare der Männer waren lang und struppig, die Gesichter bärtig, wie es bei den Ainu Sitte ist. Einige von ihnen trugen seltsame, nachenähnlich geformte Kopfbedeckungen aus Schilfgeflecht.

Immer langsamer glitt der »Seefalke« durch das bräunliche Wasser, während die unzähligen Boote einen glitzernden, schuppenähnlichen Ring bildeten, der sich immer mehr der Galeere näherte und sich schließlich in gewaltigem Kreis um sie schloß.

2

Der Kapitän gab einen Befehl. Die Riemen hoben sich knarrend, der Anker senkte sich ins aufspritzende Wasser. Die Galeere ragte im gleißenden Licht auf, umgeben vom Gewirr schaukelnder Boote. Nur das Plätschern des Wassers und das Knirschen der Takelage waren zu vernehmen. Dann löste sich ein Boot aus der Masse und näherte sich der Galeere. Ein Mann stand aufrecht am Bug. Er trug eine glänzend polierte Rüstung mit stählernem Armschutz. Obgleich die Entfernung noch zu groß war, um sein Gesicht zu erkennen, wußte ich, wer er war.

Iri gab ein Zeichen.

Das Fallreep wurde heruntergelassen. Die Ruderer brachten das Boot nahe an die Galeere. Die Offiziere versammelten sich auf dem Achterdeck und beobachteten, wie sich Nagasume Tomi an den Sprossen des Fallreeps heraufzog und an Deck schwang. Die Seeleute, die sich an Steuerbord drängten, wichen vor ihm zurück. Die Wachen hielten ihre Waffen fester. Nagasume Tomis Bewegungen waren geschmeidig wie die eines Jünglings, aber als ich ihn aus der Nähe betrachtete, erinnerte ich mich, daß er Amôda bereits als gereifter Mann verlassen hatte. Sein Haar, das unter dem Bronzehelm hervorsah, war schiefergrau. Nach Art der Ainu hatte er sich einen Bart wachsen lassen, und die Brauen, die seine tiefliegenden Augen beschatteten, waren buschig. Zwei Schwerter steckten in seiner Schärpe. Er hielt einen Bogen in der Hand, und der Köcher mit Pfeilen hing über seinem Rücken. Ein weiterer Mann war hinter ihm an Deck getreten. Es war ein sehr schlanker Jüngling, offensichtlich ein Ainu. Die Augen waren dunkel und schimmernd, sein Bart nur ein Flaum. Lockiges, dunkelbraunes Haar umrahmte sein Gesicht. Er trug die kurze Hose aus Pflanzenfasern und einen Wickelüberwurf mit weißen und karminroten Mustern. Sein Gesicht war stolz, abweisend und ein wenig verlegen. Auch er war mit Pfeil und Bogen ausgerüstet.

Iri stand regungslos unter dem Baldachin. Er hatte die rechte Hand am Schwertgriff und beobachtete die Ankömmlinge mit steinernem Gesicht. Trotz der vielen Jahre, die er in der Wildnis verbracht hatte, wußte Nagasume Tomi, daß ihm Achtung gebührte: Er war von königlicher Herkunft und zudem der Ältere. So legte er weder seine Waffen ab noch warf er sich auf die Knie, sondern verneigte sich mit gelassener Höflichkeit.

»Verzeiht, Majestät, das beschwerliche Zustandekommen unserer Begegnung und nehmt unseren Dank entgegen für den gewährten Empfang.«

Iri verbarg seine Überraschung und zum Teil auch sein Mißfallen hinter einem unbewegten Gesicht. Die üblichen Begrüßungsworte kamen huldvoll und distanziert über seine Lippen.

Nagasume Tomi verneigte sich von neuem und wandte sich mir zu. Sein Blick aus den tiefen Augenhöhlen schien aus weiter Ferne zu kommen.

»Lange Zeit ist vergangen, Toyo Hime no Mikoto, seitdem wir uns das letzte Mal sahen, und vieles hat sich inzwischen ereignet. Vergebt mir, daß ich Euch nicht mit allen Ehren, die der Tochter der Sonnenkönigin gebühren, in meinem Haus empfange, aber die Umstände hindern mich daran.« Er holte tief Atem, und seine dunkle Stimme wurde noch dunkler und eindringlicher. »Wenngleich sich unsere Wege auch trennen, so könnt Ihr doch allzeit gewiß sein, daß ich die Bande des Blutes weder vergessen noch verleugnen werde . . .«

Bei diesen Worten schmerzte mir das Herz, denn ich spürte, daß er seine Wahl bereits getroffen hatte. Doch ich zwang meine Augen, fest zu blicken, während ich mich verneigte und sprach: »Habt Dank für Euer Vertrauen, Nagasume Tomi.«

Man brachte Kissen und heißen Tee. Nagasume Tomi

nahm unter dem Baldachin Platz, während sich der Jüngling abseits mit untergeschlagenen Beinen niederließ. Es war drückend heiß und windstill. Kein Geräusch, außer dem leichten Plätschern des Wassers, verriet die Anwesenheit der unzähligen Boote, die das Schiff umringten. Iri saß auf einem erhöhten Platz, stolz, gebieterisch, schön. Sein goldbestickter Überwurf funkelte. Ich kniete an seiner Seite und fächelte mir Luft zu. Ich spürte, wie eine Schweißperle mir langsam über die Schläfe rann.

Iri ließ absichtlich die üblichen Höflichkeitsformeln beiseite und kam sofort zur Sache.

»Wir unternehmen diesen Feldzug zu Ehren der Großen Erlauchten Kami Amaterasu, Herrscherin des Lichtes und Quell allen Lebens. Unser Ziel wird sein, ihr am Ufer des Ostmeeres ein Heiligtum zu errichten. Unser Weg führt den Yodo-Fluß hinauf, bis nach Shirakata. Von da aus gedenken wir den Berg Ikoma zu umgehen und das Land unter unsere Kontrolle zu bringen. Wäret Ihr bereit, Nagasume Tomi, uns im Namen der Göttin als unser treuer Vasall zur Seite zu stehen?«

Nagasume Tomi hielt die Lider halb geschlossen, doch seine Augen wichen nicht von Iris Gesicht. Der Bogen lag auf seinen Knien. Er wies den Teebecher zurück, den ihm ein Offizier mit gesenktem Kopf anbot, und sprach: »Der Mensch ehrt die Götter auf seine Weise, doch weder unermeßliche Stärke noch unermeßliche Weisheit können ihm selber Göttlichkeit verleihen. Wie also kann der Mensch darüber entscheiden, nach welcher Ehre die Gottheit verlangt?«

Ich spürte, wie Iri sich nur mit Mühe beherrschte, als Nagasume Tomi seine Frage mit einer Herausforderung beantwortete. So sagte ich beschwichtigend: »Das betrifft den Menschen und sein Gewissen. Jedem einzelnen ist freigestellt zu wählen.«

Nagasume Tomi nickte feierlich. »Wie in allen Dingen.« Seine Augen schimmerten warm: Wir verstanden uns.

Doch Iri lag nicht daran, Zeit zu verschwenden, und er fiel ihm barsch ins Wort. »Soll das bedeuten, Nagasume Tomi, daß Ihr unserer Bitte nicht entgegenkommt?«

Das warme Leuchten erlosch in Nagasume Tomis Augen. Sein Gesicht wurde finster und kalt wie ein winterlicher Berg. Er verneigte sich und sprach: »Verzeiht, Majestät, wenn mein Gewissen mich zwingt, sie abzulehnen.«

Iris Faust ballte sich um den Schwertgriff. Ich spürte, wie der Zorn, der von ihm ausging, mich fast körperlich berührte. Schwer atmend stieß er hervor: »Überlegt Euch Eure Worte reiflich, bevor der Zorn der Göttin über Euch hereinbricht. Wir sind im Besitz der heiligen Waffe, des Symbols des Sieges.«

Nagasume Tomi erwiderte fest und hart seinen Blick. »Hattet Ihr nicht einst im Namen der Gottheit geschworen, sie niemals für unehrenhafte Zwecke zu verwenden?«

Totenstille. Itzuses Hand griff zum Schwert. Yi-Am hatte das seine bereits umfaßt, obwohl sich kein Muskel in seinem Gesicht regte. Ich senkte den Fächer. Das Blut pochte ungestüm in meinen Adern. Ich sah den gelben Baldachin über mir leuchten, und die blendende Sonne bereitete meinen Augen Schmerzen, bevor die Helle erlosch und sich Dunkelheit wie das Gewicht fallender Himmel auf mich herabsenkte. Aus der Finsternis, die schwindelerregend um mich kreiste, stieg unklar ein Bild auf. Ich sah meine Mutter im Fackelschein auf der Matte liegen. Sie war bleich wie Wachs, und ihre Augen lagen in pflaumenblauen Höhlen. Oberhalb ihres weißen Gewandes, dort, wo unter der zarten Haut des Halses die Ader pochte, sah ich eine eiternde, schwärzlich entzündete Wunde. Ich vernahm ihre Stimme. Sie war leise, stokkend, und dennoch klar zu verstehen: »Schwört bei der heiligen Waffe... Euch nicht von Zorn oder Rache leiten zu lassen... Euch nicht im Streit gegeneinander zu erheben...« Jemand vor ihr hielt mit beiden Händen das

Schwert, das im Schein der Fackel glänzte. Eine Stimme sagte: »Ich schwöre es ...« Es war nicht Iris Stimme, es war ...

Irgendwo schrie eine Möwe, schrill, unaufhörlich, ohrenbetäubend. Die dunkle Welt um mich herum löste sich auf: Unerträgliches Licht blendete mich. Ich fand mich schweißgebadet an Deck des Schiffes unter dem gelben Baldachin wieder, hörte die Möwe kreischen und den König mit schneidender Stimme sagen: »Niemand wird als Verräter geboren. Wer sich jedoch zum Treuebruch bekennt, muß sich vor der Welt und der Gottheit verantworten.«

Ich starrte wie benommen auf Nagasume Tomi. Mein ganzer Körper schmerzte wie unter einem unerträglichen Druck. Ich sah seine Augen sich zu leuchtenden Schlitzen verengen. Alle Höflichkeitsformen außer acht lassend, erhob er sich als erster und zwang dadurch den König, sich ebenfalls zu erheben. Die Blicke der beiden Männer maßen sich wie aufeinanderprallende Klingen. Iri war weiß vor Zorn. Seine angespannten Halsmuskeln zitterten. Nagasume Tomis Gesicht glich einer Maske. Ohne sich umzusehen, gab er ein Zeichen, und der Ainu-Jüngling trat an ihn heran. Nagasume Tomi legte ihm die Hand auf die Schulter. Seine Stimme klang gedämpft in der unnatürlichen Stille.

»Dies ist mein Adoptivsohn Attero. Sein Volk, die Aiu-Utari, lebt seit Menschengedenken im Delta des Yodo-Flusses. Ihnen sind das Land und die Gewässer heilig. Sie gründen keine Städte und streben nicht nach Macht oder Ruhm, sondern leben von dem, was Wald und Meer ihnen schenken. Ihr aber erbaut Festungen und Straßen, erbeutet Reichtümer und haltet Sklaven. Ihr wühlt den Boden auf, fällt die Bäume, vertreibt die Tiere aus ihren Schlupfwinkeln. Die Bäume sagen: ›Wir sind wehrlos, tut uns kein Leid an!‹ Ihr aber sägt sie ab und zerhackt ihr Holz, und die Geister der Bäume hassen euch deswegen. Ihr jagt die Tiere, und die Tiere flehen euch an: ›Laßt uns am Leben!‹ Ihr jedoch tötet sie zu eurem Vergnügen, und die Geister der

Tiere hassen euch deswegen. Die Aiu-Utari glauben nicht, daß sie mehr sind als eine Pflanze, ein Tier oder ein Baum. Bevor sie einen Baum fällen, sagen sie: ›Verzeih mir, aber ich brauche dein Holz, um mir eine Unterkunft zu bauen oder ein Boot zu zimmern.‹ Bevor sie ein Tier erlegen, sagen sie: ›Verzeih mir, aber ich benötige dich, um meinen Hunger zu stillen, und eines Tages werde auch ich sterben müssen.‹ So leben sie im Einklang mit der Erde und den Gestirnen, ihr aber erobert das Land mit der Leidenschaft des Hasses und der Anmaßung der Mächtigen ...« Er ließ den König nicht aus den Augen und schleuderte ihm die Worte entgegen. »Die Aiu-Utari ehrten mich, indem sie mich zum ›Ottena‹ machten. Sie sind bereit zu kämpfen, und ich werde sie führen. Wir fürchten nicht den Tod. Es ist das Los eines jeden zu sterben, während Berge, Meere und Himmel bis in alle Ewigkeit fortbestehen.«

Iri starrte ihn an, als sähe er einen Wahnsinnigen vor sich.

»Ich könnte Euch auf der Stelle festnehmen und als Verräter aburteilen lassen!« stieß er hervor.

»Das würde Euch, Majestät, nicht zur Ehre gereichen«, erwiderte gleichmütig Nagasume Tomi. »Bin ich nicht Euer Gast an Bord? Außerdem befinden sich dreitausend Krieger in den Booten rund um die Galeere. Weitere dreitausend warten im Schilf auf meinen Befehl ...«

Itzuse konnte sich nicht länger beherrschen. Ungestüm riß er sein Schwert aus der Scheide und stürzte sich auf Nagasume Tomi, bereit, mit beiden Händen den tödlichen Schlag zu führen. Der alte Mann machte keine Anstalten, den Stoß abzuwehren. Sein Gesicht blieb maskenhaft starr und ruhig; doch Attero hatte blitzschnell einen Pfeil an die Bogensehne gelegt. Die Pfeilspitze wies auf Itzuse, die Sehne war bis aufs äußerste gespannt. Mit einer knappen Handbewegung hielt Iri seinen jüngeren Bruder zurück. Itzuse steckte bebend das Schwert wieder in die Scheide. Dann verneigte er sich entschuldigend und trat zurück.

Auch Attero ließ schwer atmend die Bogensehne sinken. Sein Gesicht glänzte vor Schweiß. Die Spannung löste sich, und wieder hörte ich schrill und deutlich die Möwen kreischen.

»Junges Blut wird leicht ungeduldig«, sagte Nagasume Tomi. Er verlor den König nicht aus den Augen, sein Blick war kühl. »Es sei Euch gestattet, die Nacht im Küstenbereich zu verbringen und Trinkwasser für die Mannschaft an Bord zu schaffen. Jedoch ersuche ich Euch höflichst, die Flußmündung vor Sonnenaufgang zu verlassen.«

»Wie könnt Ihr es wagen?« Iris Stimme klang wie ein Peitschenhieb. Wieder griffen aller Hände an die Waffen. In der atemlosen Stille drehte Nagasume Tomi den Männern den Rücken zu und verneigte sich vor dem König.

»Verzeiht, Majestät, mein ungeschliffenes Benehmen. Wer lange Jahre in der Wildnis lebt, verlernt seine guten Manieren.«

Mit äußerster Willenskraft beherrschte Iri seinen Zorn. Er stand unbeweglich und erwiderte die Verbeugung nicht.

Nagasume Tomi verharrte einige Atemzüge lang auf der Stelle, bevor er sich mir zuwandte. Unsere Blicke trafen sich; ich sah den feuchten Glanz in seinen Augen. Ich bewunderte seinen ungeheuren Mut, und mein Herz hämmerte in meiner Brust.

»So lebt wohl, Majestät«, sagte er leise und eindringlich. »Sprecht von mir zu der Göttin, wenn sie Euch jenseits des Lichtes begegnet.«

Tränen erstickten mich. Ich senkte den Kopf und verneigte mich tiefer als er, tiefer als mein Rang es erforderte. Stockend kamen die Worte über meine Lippen. »Seid unbesorgt, Nagasume Tomi. Die Göttin weiß die Ihrigen zu erkennen.«

Ich sah nicht sein Gesicht; spürte nur seine Bewegung, als er mit einer letzten Verbeugung Abschied nahm. Er wandte sich ab, verließ mit ruhigen Schritten das Deck und kletterte das Fallreep hinunter. Attero folgte ihm. Sie stiegen in das wartende Boot, und Nagasume Tomi hob den Arm. Alle Ruder tauchten gleichzeitig ins glitzernde Wasser. Der dichte Bootskreis dehnte sich aus wie eine Riesenschlange, die feucht-schillernd ihre Ringe entrollt. Die Boote entfernten sich vom Schiff und trieben den Ufern entgegen.

Die Stimmen der Möwen gellten, als Iri seine Feldherren um sich versammelte und unmißverständlich und wohlüberlegt seine Befehle erteilte.

»Man lasse den ›Dora‹ schlagen. Das Geschwader soll auf die Küste zusteuern und an der Flußmündung vor Anker gehen. Vervierfacht die Wachen. Die Krieger sollen sich bereithalten. Vor Sonnenaufgang fahren wir den Fluß hinauf. Yi-Am, Ihr übernehmt das Kommando.«

»Es ist mir eine Ehre, Majestät.«

Iri machte dem Kapitän ein Zeichen. »Schickt die Mannschaft auf ihre Posten und laßt ihnen Waffen aushändigen. Jeder Rudersklave erhält eine doppelte Portion Reis. Schickt Leute an Land, um Trinkwasser herbeizuholen, aber laßt sie von Bogenschützen bewachen.«

Noburu verneigte sich und trat zurück. Iris Kinnladen zitterten. Keuchender Atem hob und senkte seine Brust. Er ließ seinen Blick über das Schilf schweifen, wo kein einziges Boot mehr zu sehen war. Leise und zischend kam es über seine Lippen: »Ich werde seinen Kopf auf eine Lanze spießen!«

Gegen Abend setzte die Flut ein, und der Wasserspiegel hob sich. Die Galeere schwankte auf den leichten Flußwellen, und die Takelage knarrte leise. Das Tönen des »Dora« war längst verstummt. Alle Schiffe hatten sich der Flußmündung genähert. Soweit das Auge reichte, schaukelten Segel über dem Blau des offenen Meeres. Dem geschäftigen Hin und Her an Bord war eine abwartende, bedrückende Stille gefolgt. Die Seeleute waren bewaffnet worden. Vier Reihen Soldaten bewachten das Achterdeck, vier weitere Reihen standen auf dem Vorschiff. Die Gesichter waren undurchschaubar, aber ich spürte die Angst, die auf den Männern lastete. Wir alle an Bord wußten, daß durch Iris verletzte Eitelkeit das Verhängnis über uns hereinbrechen würde; daß in jeder Stunde, die verging, das Netz sich enger um uns zusammenzog. Ich saß in Gedanken versunken auf einer Matte. Neben mir stand ein kleines Holzkohlenbekken, in dem wohlriechende Holzstücke brannten. Sie parfümierten die Luft und hielten die Moskitos fern. Meine Augen waren auf den König gerichtet, der sich auf dem Achterdeck mit seinen Generälen beriet. Itzuse stand an seiner Seite und lauschte aufmerksam seinen Worten. Iri trug den Bronzehelm mit dem Hirschgeweih. Sein goldbestickter Umhang, der mit Jadespangen an den Schultern gehalten wurde, wogte wie ein prächtiges Gefieder. In seinem trotzigen Gesicht wirkte der Mund hart und grausam.

Auch du spürst die Angst der Männer, dachte ich, und vielleicht empfindest du sie sogar selbst. Aber du erkennst auch die Vorteile, die dir daraus entstehen, und hast sie vielleicht sogar eingeplant. Jeder – vom RuderskIaven angefangen bis zum Befehlshaber – wird so dazu getrieben werden, seine Kräfte voll einzusetzen. Du hast eine verwegene, aber keineswegs unüberlegte Entscheidung getroffen. Wenn deine Streitmacht in fortdauernde Schlachten mit den Ainu verwickelt ist, werden Jahre vergehen, bis du den Durchbruch zur Ostküste erreichst. Ein blitzartiger, siegreicher Vorstoß hingegen wird deine angeschlagene Ehre retten und zugleich die Ainu dermaßen einschüchtern, daß sie vor weiteren Angriffen vorläufig zurückschrecken. Dies wiederum wird dir ermöglichen, das Gebiet rund um den Yodo-Fluß, die Hauptschlagader des östlichen Inselreiches, in deinen Einflußbereich zu bringen. Du wirst das Land in Bezirke aufteilen, zuverlässige Männer in Verwaltungsposten einsetzen und weiterziehen, ohne einen Dolchstoß in den Rücken befürchten zu müssen . . .

Die Sonne sank feuerrot. Die Schilffläche funkelte wie

Gold. Bald brach die Dämmerung herein; man brachte die ersten Fackeln. Nach und nach spürte ich, wie eine seltsame Unruhe mich erfaßte. Ich fror trotz der Hitze und rückte näher an das Kohlenbecken. Der duftende Rauch der Holzkohle drang mir in die Lungen. Formen und Farben vermischten sich. Die Gesichter schwankten vor meinen Augen. Schweiß brach mir aus allen Poren. Ich dachte: Was ist denn mit mir? Das Blut rauschte und pochte in meinen Ohren. Unbestimmte Erinnerungen stiegen in mir hoch: Ich kannte dieses Gefühl, ich hatte es schon früher gehabt... Und plötzlich wußte ich: die Gottheit schickte mir ein Zeichen! Mein verstörter Blick hastete suchend in alle Richtungen. Meine Nerven vibrierten, ich rang nach Luft. Da! Ein wild flatternder Schatten huschte über das Deck. Es war ein Vogel, eine Eule vermutlich, die das Licht angezogen hatte. Das verirrte Tier stieß gegen die Segelbahnen, verfing sich in den Tauen. Ein Seemann trat hinzu, um es zu verscheuchen. Plötzlich fand der Vogel wieder den Weg in die Freiheit. Er schwang sich mit kräftigem Flügelschlag zum Achterdeck hinüber und schwebte auf die versammelten Offiziere zu. Im Fackellicht schien mir sein Schatten zu riesenhafter Größe anzuwachsen, und da wußte ich, daß es der Schatten des Todes war. Mit ausgebreiteten Schwingen verharrte der Vogel eine Weile über den Männern, und ich sah, wen der Schatten bedeckte. Ein Aufschrei entfuhr meinen Lippen. Schon glitt der Vogel pfeilschnell davon und tauchte mit seinem Schatten in die glühende Nacht.

Das Schiffsdeck begann zu kreisen. Der Himmel wurde schwarz: Ich verlor das Bewußtsein.

Jemand hob behutsam meinen Kopf, setzte eine Schale an meine Lippen. Ich schlürfte den dampfenden, leicht bitteren Tee. Mühsam schlug ich die Lider auf. Ein Gesicht kam und ging über mir – ich erkannte meine Dienerin Maki. Ich lag an Deck auf einer Matte. Ein Luftzug streichelte meine Haut; das Wasser schlug plätschernd gegen die Schiffsplanken. Ein dumpfer Schmerz pochte noch immer an meinen

Schläfen und hinter meiner Stirn. Von irgendwoher drang die Stimme des Herrschers an meine Ohren: »Ihre Majestät, die Königin, fühlt sich nicht wohl. Man trage sie behutsam in ihr Gemach.«

Ich bewegte mühsam die Lippen. »Nein! Wartet noch...«

Maki trocknete mir Gesicht und Hände mit einem heißen Tuch, danach fühlte ich mich besser. Ich versuchte mich aufzurichten. Maki glitt hinter mich und half mir. Ich schwankte, und sie stützte mich. Mit größter Anstrengung setzte ich mich auf, befahl meinen Augen zu sehen. Der König saß vor mir, sein Gesicht war starr. Das Hirschgeweih auf seinem Helm hob sich dunkel vor dem rötlichen Licht der Fackeln ab.

Mit zitternden Händen ordnete ich die Falten meines Gewandes.

»Laß uns allein!« befahl ich Maki. Sie verneigte sich und gehorchte. Als sie sich entfernt hatte, verbeugte ich mich und sprach: »Verzeiht, Herr, wenn ich die Ratsversammlung störte. Die Göttin hat mir eine Warnung geschickt.«

Er erwiderte die Verbeugung und blickte mich erwartungsvoll an. Ich war eine Priesterin; eine Priesterin befragt man nicht, wie sie zur Kenntnis der Dinge gelangt, und man übergeht auch nicht ihren Rat. Ich legte die Hände zusammen, um ihr Zittern zu unterdrücken. Die Worte kamen stockend über meine Lippen.

»Ich flehe Euch an, Herr, bleibt dieser Schlacht fern. Zieht Eure Schiffe auf die offene See zurück und segelt in südlicher Richtung...«

Ich sah, wie das Blut aus Iris Gesicht wich. Seine Augen funkelten mich an.

»Soll ich die Schmach hinnehmen, meine eigenen Befehle zu widerrufen?«

Ich verschluckte die Worte, die in mir hochstiegen. Es war, als ob jemand anderer an meiner Stelle dachte: Es ist nicht gut, wenn ein Mensch seine Zukunft ahnt; aber noch schlimmer ist es, sie zu wissen... Leise stieß ich hervor: »Ich erkannte den Schatten des Todes...«

Er betrachtete mich wie versteinert, die Hand um den Schwertgriff geklammert. Ich spürte, daß er trotz seiner Beherrschung aufgewühlt war und versuchte, Klarheit in seine Gedanken zu bringen.

»Der Tod wartet stets in der Nähe, wenn eine Schlacht bevorsteht.« Seine Stimme wurde vorsichtig und irgendwie lauernd. »Ist ein König nicht dazu berufen, zu herrschen und sein Gebiet zu erweitern, damit das Volk ihm gehorcht und die Feinde ihm Achtung entgegenbringen? Ist das, Majestät, nicht seine Bestimmung?«

Ich schwieg. Der Magen hob sich mir, und ich glaubte, mich an Deck erbrechen zu müssen.

Iri fuhr fort: »Ich ermahnte Euren verehrungswürdigen Verwandten zur Königstreue. Er jedoch redete von sprechenden Bäumen und lebenden Felsen. Er hat den Verstand verloren und mich vor aller Augen lächerlich gemacht. Dafür wird er seinen Kopf lassen!«

Sein Mund unter dem schmalen schwarzen Bart war nur noch ein Strich, und ich verabscheute ihn in diesem Augenblick.

»Glaubt Ihr, es ist das Opfer wert?« fragte ich.

Die Zähne schimmerten zwischen seinen Lippen. »Mein Weg ist gerade und führt nach Osten.«

In mir war es kalt, und meine Knie waren aus Blei. Ich stammelte: »Dann fürchtet den Zorn der Göttin. Jemand, der Euch teuer ist, wird diese Schuld sühnen.«

Seine Augen flackerten. Ich spürte, daß er betroffen war. Er beugte sich vor, und sein Atem streifte mein Gesicht.

»Ich ehre die Gottheit, bringe ihr Gaben und Opfer dar und verlange dafür, daß sie mich siegreich geleitet.«

Ich starrte ihn an, entsetzt, daß er es wagte, die Göttin herauszufordern.

Er jedoch fuhr unbeirrt fort: »Das Schwert mit den

sieben Klingen soll mir als Wegweiser dienen. Befehlt den Priesterinnen, die heilige Truhe an Deck zu bringen!«

Lähmende Schwäche überfiel mich. Ich kämpfte gegen Brechreiz an, rang nach Luft. Rauh, kaum hörbar, brachte ich über die Lippen: »Das Schwert ist Eigentum der Göttin.«

»Einst wurde es gegen sie gewandt.« Iris dünne Lippen verhärteten sich unter dem Sarkasmus seiner Worte. »Habt Ihr das bereits aus Eurem Gedächtnis gelöscht?«

Ich fühlte, wie Hitze in mir aufstieg. Mein ganzer Körper glühte. Ich sah auf den König, meinen Gemahl, wie auf einen Fremden, einen Feind, der mir vor allen Anwesenden ins Gesicht geschlagen hatte. Die schwarzen Augen wichen den meinen nicht aus. Es lag etwas Furchterregendes in seinem Blick, eine brennende Kraft, die mich zum Gehorsam zwang. Oder spürte ich noch etwas anderes? Etwas, das ich weder wahrhaben noch begreifen wollte? Ich beugte meinen Kopf so tief, daß mein Haar den Boden streifte. Dann richtete ich mich auf und klatschte in die Hände. Maki erschien, verneigte sich mit scheuen Augen. Ich befahl: »Teile den Ehrwürdigen Priesterinnen mit, daß sie die heilige Truhe an Deck bringen möchten.«

In wenigen Augenblicken übertrug sich die Spannung auf das ganze Schiff. Die Wachen zogen auf. Sie standen regungslos in angemessenem Abstand, und ihre Schilde leuchteten wie goldene Spiegel. Die Mannschaft drängte sich flüsternd und verlegen im Hintergrund, während sich die Edelleute um den König versammelten. Das Licht der Fackeln schimmerte rötlich auf der Wölbung der Bronzehelme, funkelte bei jeder Bewegung auf den ehernen Brustplatten. Die Standarten bewegten sich im Luftzug; die grellfarbigen Wappenbilder schienen von eigenem Leben erfüllt. Mein Blick blieb auf Itzuse haften, der wie gebannt auf den König starrte. Er trug einen Helm mit Stahlplatten an Schläfen und Wangen und mit bunten Seidenquasten geschmückt. Etwas regte sich in meinem

Gedächtnis; ein Schauder überlief mich. Ich wandte den Blick von ihm ab.

Als Hana und Etsu an Deck erschienen, ging ein Raunen durch die Menge; dann verstummte jedes Geräusch. Die Priesterinnen schritten mit gesenktem Blick an den Männern vorbei. Ihre bloßen Füße glitten lautlos über die Holzplanken. Ihre Gesichter waren weiß gepudert. Das lackschwarze Haar war im Nacken mit einem Reisstrohband zusammengebunden. Die Flammen warfen rubinrotes Licht auf die Falten ihrer Überwürfe, deren lange Ärmel über den Boden schleiften. Sie knieten vor mir nieder; ihre Gesichter schimmerten wie Perlmutter im rauchigen Dunst.

Maki brachte ein kleines, mit frischem Wasser gefülltes Becken. Ich tauchte meine Hände hinein und trocknete sie mit einem weißen Tuch. Es herrschte vollkommene Stille, als ich die Ärmel meines Gewandes zurückschlug, mich über die Truhe beugte und die beiden goldenen Schlösser löste. Einen Augenblick lang verhielt ich regungslos und lauschte auf das Pochen meines Herzens. Eigentlich müßte ich Angst haben, dachte ich. Aber ich hatte keine. Was mochte der Grund sein? Ich schob den Deckel zurück.

Das Sternenschwert lag vor mir, in makellose Seide gehüllt. Ein prickelndes Gefühl überlief meine Haut. Ich hob die Lider, richtete den Blick auf den König. Sein Gesicht war ausdruckslos, doch ein merkwürdiges Grinsen verzerrte seine Lippen, und seine Augen glühten. »Beeil dich!« gebot sein Blick. Ich verneigte mich und hob das Schwert mit beiden Händen. Ich war überrascht, wie leicht es war. Behutsam legte ich es auf die Matte. Kein Laut war zu vernehmen, niemand rührte sich. Die Krieger um uns herum hielten den Atem an. Ehrfurchtsvoll wickelte ich das Schwert aus der Seide, indem ich vermied, das Metall zu berühren, damit auch nicht der kleinste Fingerabdruck seine Vollkommenheit störte. Und dann lag die Waffe vor mir, glänzend, gewaltig, einzigartig. Wie ein stählernes Gewächs traten sieben flammengleich gebogene Klingen aus seinem Schaft. Der Griff war aus massivem Silber. Ich starrte auf die in den Stahl eingravierte Inschrift: Es schien gleichsam, als wäre sie in mein Herz geprägt. Mein Puls begann zu rasen, während meine Lippen geräuschlos die Geheimworte formten:

»Zur Mittagszeit, am elften Tag des fünften Monats des vierten Jahres von Taihô wurde das Schwert mit den sieben Klingen vollendet, aus mehr als hundertmal gehärtetem Eisen. Es wehrt die Gefahr ab in der Schlacht, es ist Prinzen und Königen würdig. Es wurde geschmiedet von . . .«

Ein Schatten verdunkelte den bläulich funkelnden Stahl: Der Name schien zugleich auf der Klinge wie auch in meinem Gedächtnis verblaßt. Ich sah Iris Hand ungeduldig nach der Waffe greifen. Schon umschlossen seine Finger den silbernen Griff. Er riß das Schwert an sich und schwang es gegen das Licht. Hochaufgerichtet stand er vor den Kriegern. Rote Funken tanzten in seinen Augen. Seine rauhe, triumphierende Stimme hallte über das Schiff: »Ich streckte die Hand nach dem Sieg aus, und die Göttin selbst überreichte mir das Sternenschwert. Mein Wille hier auf Erden ist einziges Gesetz. Rüstet euch zum Kampf! Wir werden die Schlacht gewinnen!«

Seine Worte gingen im Jubel unter. Die Männer riefen den Namen des Herrschers, und ihre Stimmen hallten wie Kriegsgeschrei. Die Muschelhörner dröhnten. Die Wachen begannen mit den flachen Schwertern im Takt gegen die Schilde zu schlagen. Das klingende Hämmern drang durch die Nacht, verbreitete sich von einem Schiff zum anderen, vereinigte sich mit dem fernen Rauschen der Brandung. Das Schwert, das Iri mit beiden Händen hochhielt, schimmerte jetzt blutrot und feindselig. Der Mann, der sich der Waffe bemächtigt hatte, war nicht ihr Herr. Der König jedoch, von Genugtuung erfüllt, berauscht von der Machtgier, die in seinen Adern pochte, merkte von alledem nichts. Er befahl, Reiswein zu bringen, und die Männer tobten vor Begeisterung.

Der steigende Lärm zerrte an meinen überreizten Nerven. Die Fackeln flackerten. Die bleichen Gesichter der Priesterinnen verschwammen in der Dunkelheit wie Gestirne, die ihre Bahnen hinter finsteren Wolkenschleiern ziehen. Das Stampfen, das Geschrei, das Klirren der Schwerter gegen die Schilde, steigerte sich ins Unerträgliche. Es war die Stimme des Todes, aber keiner verstand sie. Verzweifelt betete ich zur Gottheit: »Ein Frevel ist hier geschehen, aber verlasse uns nicht! Beschütze jene, die ihn nicht begangen haben, denn wir alle leben in deiner Hand...« Das Gebet brachte mir keine Erleichterung, und ich wußte, daß es nutzlos war. Lähmende Schwäche überfiel mich. In meiner Hoffnungslosigkeit merkte ich kaum, daß ein Name wie ein Hilferuf über meine Lippen drang. Erst als sich die stillen Augen der Priesterinnen auf mich richteten, wußte ich, daß ich laut gesprochen hatte, und ich wandte entsetzt mein glühendes Gesicht ab.

3

In der Nacht bezog sich der Himmel. Der Fluß war finster und glatt wie ein See; es roch nach Salz, Tang und modriger Erde. Kurz vor Tagesanbruch begann es zu regnen. Zuerst fielen die Tropfen vereinzelt und leise und gingen dann in anhaltendes Rieseln über. Ein gleichmäßiges Rauschen erfüllte die Luft. Das Deck wurde glitschig. Die nassen Segel hingen schlaff und schwer herunter. Das erste trübe Licht verbreitete sich über dem Horizont, als Iri den Befehl gab, flußaufwärts zu steuern. Die schwerbeladene Galeere lag tief im Wasser; das große Segel am Hauptmast wurde aufgezogen, um die Fahrt zu beschleunigen.

Von meiner Leibwache umgeben, stand ich auf dem

Oberdeck und blickte auf die Schiffe, die uns folgten. Ihre dunklen Umrisse verloren sich im Dunst. Durch den Regenschleier waren die Fackeln, die als Signale dienten, kaum zu erkennen. Ich hatte meinen Harnisch und die ledernen Beinschützer angelegt. Mein Haar war nach Männerart an den Schläfen hochgebunden, und ich trug meinen Köcher über der Schulter. Den Bogen hielt ich in der Hand. Hier und da sprühte mir ein Windstoß den Regen ins Gesicht. Ich fror, und mein Atem ging stockend. Mir war, als steuerten wir unaufhaltsam einer grauenvollen, unbekannten Bedrohung entgegen. Auch die Offiziere auf dem Gefechtsstand waren nervös: Der Regen nahm ihnen die Sicht. Kuchiko stand neben mir, schweigsam wie immer, und seine Ruhe wirkte wohltuend auf meine angespannten Nerven.

Die Banner waren aufgepflanzt. Kana, der Adler, bewegte sich auf der Stange hin und her. Sein Gefieder schillerte im Regen, und seine Halsfedern sträubten sich. Manchmal schüttelte er die nassen Schwingen und fauchte.

Unter dem Baldachin, der ihn vor dem Regen schützte, beobachtete der König argwöhnisch den Fluß. Die breiten, flügelähnlichen Schultern seines Schlachtüberwurfes verliehen ihm etwas Gebieterisches. Das Sternenschwert, auf das er sich stützte, war ohne Glanz. Neben ihm fingerte Itzuse aufgeregt an seinem Bogen. Seine Augen blitzten vor jugendlicher Streitlust.

»In einer Stunde ist es hell!« stieß er hervor. »Warum greifen sie denn nicht an?«

Iris Mundwinkel verzogen sich ärgerlich. »Sie sind dabei, uns eine Falle zu stellen. Bald schlägt sie zu. Und wie meistens bei guten Fallen, werden die Eisen blutig werden . . .«

Fahl und grau brach der Morgen an. Der Flußlauf verengte sich; die Strömung wurde reißender. Der Trommelschlag wechselte den Rhythmus. Der Wind peitschte die Segel, und die Galeere begann zu schaukeln. Verschwommen tauchten die schilfbewachsenen Ufer an beiden Seiten auf. Es schienen wahre Bambuswälder zu sein, die ein undurchdringliches Dickicht bildeten. Iris Augen spähten nach allen Seiten. Kein Muskel bewegte sich in seinem finsteren Gesicht, doch ich spürte seine Wachsamkeit.

Der Warnruf der Wache auf dem Ausguck hallte über das Deck. Aller Augen richteten sich über die Galionsfigur hinweg auf die dunkle Rauchwand, die sich über das Wasser auf uns zu bewegte. Der Rauch ging von einer Anzahl pechbeschmierter, brennender Strohbündel aus, die rasch näher kamen. Durch den Regen, der auf die Flammen fiel, bildete sich dichter Qualm. Ein undurchdringliches Grau senkte sich über das Schiff. Die Gestalten der Männer verschwammen im Nebel, ihre Gesichter wurden zu undeutlichen Flecken. Der Rauch brannte in den Augen und drang in die Lungen. Wir husteten, hielten den Atem an, erstickten fast, während der rötliche Feuerschein der vorbeigleitenden Strohflöße unterhalb der Rauchdecke flackerte. Plötzlich erschütterte ein gewaltiger Stoß die Galeere. Der »Seefalke« schwankte und neigte sich nach Steuerbord. Die Segel klatschten hin und her. Die Trommelschläge brachen ab. Die Ruderer gerieten vorübergehend aus dem Takt: Riemen krachte gegen Riemen. Ein Tuch vor Mund und Nase gedrückt, sah ich, wie ein riesiger schwarzer Gegenstand an der Schiffsflanke vorbeischoß und von den Fluten mitgerissen wurde.

»Das sind Baumstämme, die sie die Stromschnellen hinunterschicken!« Kuchikos Stimme neben mir klang atemlos.

»Mit voller Kraft voraus!« Die Stimme des Kapitäns, der den Befehl brüllte, erstickte in einem Hustenanfall. Der »Dora« ertönte: dröhnend und regelmäßig. Die Trommel, auf die der Taktmeister hämmerte, klang wie das Pochen eines erregten Herzens. Die Ruder wühlten das Wasser auf. Wieder ein dumpfer, wuchtiger Aufprall; Holz zersplitterte. Ein zweiter Baumstamm glitt schrammend und knirschend die Schiffsflanke entlang. Der Kiel hob sich. Ich verlor das Gleichgewicht, stürzte gegen die Reling. Kuchiko half mir, mich aufzurichten. Ich rang nach Luft. Einige der Wachen auf dem Unterdeck waren der Länge nach hingeschlagen. Sie kamen nur mühsam wieder auf die Füße. Ein Mann schwankte benommen: Er hatte seinen Helm verloren, und Blut lief ihm übers Gesicht.

Pfeile sirrten durch den Dunstschleier. Einer traf den Verwundeten in die Kehle. Ein zweiter bohrte sich in die Reling, wo ich mich soeben angelehnt hatte. Kuchiko warf sich vor, deckte mich mit seinem Schild. Die Luft schwirrte von Pfeilen. Und im selben Augenblick, als die letzten Rauchschwaden sich auflösten, drangen die Boote der Ainu aus dem Schilfdickicht hervor. Mit unglaublicher Geschwindigkeit glitten sie den schwerfälligen, hochaufragenden Galeeren entgegen, verteilten sich und griffen von allen Seiten zugleich an. In jedem Boot befanden sich sechs Ruderer und ebenso viele Bogenschützen, Männer und Frauen. Fast alle führten Hanfseile mit sich, die mit Widerhaken versehen waren. Geschickt und blitzschnell wurden diese Seile an Bug und Heck in die Höhe geworfen, wo die Haken an der Reling hängenblieben. Die Ainu zogen sich mit großer Behendigkeit an ihnen empor. Die Krieger an Deck trennten mit ihren Schwertern die Seile durch, und wenn die Angreifer in Reichweite kamen, schlugen sie ihnen Hände und Köpfe ab. Die verwundeten Ainu stürzten ins Wasser, wo sie der Sog gegen den Schiffsrumpf schleuderte. Einige wurden von den Ruderschlägen getroffen und brachen sich das Rückgrat. Die stickige Luft war von Kampfgeschrei, Jammern und Stöhnen erfüllt. Yi-Am, kühl wie immer, stand neben den beiden schweißtriefenden Männern, die mit weit ausholenden, kraftvollen Bewegungen den »Dora« schlugen. Der dröhnende Schall war mir unerträglich. Ich spürte ihn in meinen Schläfen, in meinem Blut, in meinem Innersten. Jeden Augenblick mußte ich damit rechnen, daß mich ein Pfeil traf oder mir ein Speer in den Rücken gestoßen wurde; dennoch hatte ich von meiner

Waffe noch keinen Gebrauch gemacht. Ich dachte an Nagasume Tomi, an seinen Mut, an seine Verzweiflung. Ich fühlte mich ihm sehr nahe.

Die Ainu, denen es gelungen war, sich an der Galeere hochzuziehen, stürmten jetzt mit wildem Geschrei auf das Deck. Sie stießen auf die ersten Reihen der Tungusen, die in geschlossener Formation ihren Ansturm erwarteten. Die Ainu kämpften mit kurzen, stumpfen Schwertern, mit sichelförmigen Wurfdolchen und mit Pfeil und Bogen. Keiner von ihnen besaß einen Schild, und nur wenige waren durch einen Bambusharnisch geschützt. Um Raum zum Fechten zu haben, mußten die Tungusen ihre Reihen lockern. Flink wie Wiesel drangen die Angreifer in die kleinste Bresche. Ein halbnackter Ainu mit langem, lockigem Bart schoß einen Pfeil auf einen Wachthauptmann ab. Der Tunguse stöhnte vor Schmerz, ließ sein Schwert fallen und versuchte das Geschoß aus seiner Brust zu ziehen. Als ihn ein zweiter Pfeil traf, drehte er sich um die eigene Achse und stürzte zu Boden. Der Ainu stürmte an ihm vorbei, jagte die Stufen zum Oberdeck hinauf. Ein anderer Tunguse hob seinen Speer und schleuderte ihn mit aller Kraft dem Ainu in den Rücken. Der Mann stand einige Sekunden regungslos, dann kippte er seitwärts und rollte die Stufen hinunter. Eine Ainu-Frau, die ein rotes Stirnband trug, packte eine Fackel, ließ sie wie einen Streitkolben kreisen, und stieß sie dem Tungusen, der brüllend zurückwich, ins Gesicht. Ein erneuter Pfeilregen sirrte über das Schiff. Die stählernen Spitzen prasselten wie Hagelschläge gegen die Schilde. Der Tunguse, der mit verbranntem Gesicht und halb blind um sich tastete, wurde in die Brust getroffen und sank vornüber. Die Frau riß ihm das Schwert aus der noch zuckenden Hand und stürzte sich mit einem schrillen Schrei auf einen Wachtoffizier im schwarzen Harnisch. Er parierte geschickt die Schläge, riß ihr die Waffe aus der Hand und hieb mit seinem Säbel auf sie ein. Die Frau brach blutüberströmt zusammen.

Abermals war es einem Ainu gelungen, die Reihen zu durchbrechen und auf das Oberdeck vorzudringen. Seine Haut glänzte vor Nässe; seine weißen Zähne blitzten, als er seinen kurzen, sichelförmigen Dolch zielsicher auf den Befehlshaber schleuderte. Iri hatte den Ainu beobachtet. Mit einer fast lässigen Gebärde fing er den Dolch mit seinem Schild auf. Die Waffe prallte mit dumpfem Klirren ab. Im selben Augenblick hob Itzuse seinen Bogen, spannte die Sehne und ließ den Pfeil abschwirren. Der Ainu wurde in die Kehle getroffen und brach zusammen. Erhobenen Hauptes, das Schwert in der Hand, überwachte Iri das Kampfgetümmel. Seine Augen waren genauso starr wie jene des Adlers, der aufgeregt krächzend mit den Flügeln schlug. Yi-Am erteilte seine Befehle an die Männer, die den »Dora« schlugen. Zwei Pfeile steckten in seinem Harnisch, doch er schenkte ihnen keine Beachtung. Seine Aufmerksamkeit richtete sich auf die im Kielwasser segelnde Galeere, die von einem Baumstamm beschädigt worden war. Ein riesiges Loch klaffte im Bug. Das Schiff lag schräg, drohte zu sinken und wurde von einer zweiten Galeere in voller Fahrt unter Splittern und dumpfem Krachen gerammt. Panik brach aus, Schreie, aufgeregtes Stampfen und Wiehern der Pferde erfüllten die Luft. Immer dichter umkreisten die Boote der Ainu die Schiffe. Flammende Pfeile flogen durch den Dunst, senkten sich auf die eingekeilten Galeeren, steckten die Takelage in Brand. Auch die Segel des lecken Schiffes fingen Feuer. Plötzlich stürzte das brennende Segel des Hauptmastes aufs Deck. Eine rötliche Feuersäule schlug aus dem Inneren der Galeere empor. Die Männer, die versuchten, sich schwimmend in Sicherheit zu bringen, wurden im Wasser mit Dolch- und Speerstichen umgebracht. Der Fluß war mit Asche und leblos treibenden Körpern bedeckt. Schwarze Rauchwolken stiegen auf. Das schrille Wiehern der Pferde vermischte sich mit dem Prasseln der Flammen, den Schreien und Hilferufen, dem Splittern der Maste und Bersten der Planken. Auf der königlichen Galeere war es unterdessen den Kriegern gelungen, die Angreifer zurückzuschlagen. Man entfernte die Leichen. Den verwundeten Ainu wurden die Kehlen durchschnitten, bevor man sie über Bord warf. Onoshi, der Schiffsarzt, ein älterer Mann mit Adlernase und hohem, kahlem Schädel, kümmerte sich um die verletzten Tungusen. Das Deck war mit Trümmern übersät und glitschig vom Blut.

Der Regen hatte aufgehört; flimmerndes Sonnenlicht sickerte durch den Dunst. Meine Kleider waren naß, und der Wind ließ mich frösteln. Das Dröhnen des »Dora« war verstummt, und man hörte das Rauschen der Stromschnellen. Iris Gesicht triefte vor Nässe; ich wußte nicht, ob es Schweiß- oder Wassertropfen waren. Ohne den Blick von den zerstörten Galeeren zu wenden, sagte er höhnisch: »Euer großherziger Verwandter hat seine besten Krieger ins Gefecht geschickt; er selbst scheint es vorzuziehen, dem Kampf fernzubleiben. Er irrt sich jedoch, wenn er glaubt, unserem Vorstoß auf diese Weise Einhalt gebieten zu können. Der Verlust einiger Schiffe wird uns nicht daran hindern, weiter flußaufwärts zu segeln...«

Er unterbrach sich: Der Warnruf der Schiffswache gellte über Deck. Iri wandte sich in Fahrtrichtung. Ich folgte seinem Blick. Mir stockte der Atem. Vor uns, an der schmalsten Stelle des Flusses, schaukelten unzählige Boote in dichtgedrängten Reihen. Tausende mußten es sein. Die Sonnenstrahlen, die die Luft mit ständig wachsendem Glanz erfüllten, spiegelten sich in unzähligen Speerspitzen, Messern, Schwertern und Streitäxten. Die seltsam geformten Kopfbedeckungen der Ainu, die bunten Muster und Stickereien ihrer Kleidung hoben sich vor dem blaßblauen Himmel ab und boten ein Bild von überwältigender, bedrohender Schönheit. Iri schwieg; es war, als ob das Schweigen des Herrschers alle Geräusche an Bord verstummen ließe. Sein Gesicht war bleich geworden. Er umklammerte das Schwert, als wollte er es zu einem Teil seiner selbst machen. Doch seine Betroffenheit währte nur einige Atemzüge lang.

Ungeduldig richtete er das Wort an Yi-Am. Der Oberbefehlshaber, dem ein Offizier die Pfeile aus der Rüstung gezogen hatte, verneigte sich.

»Seid Ihr überzeugt, daß es unserer Streitmacht gelingen wird, sich da hindurchzukämpfen?«

Yi-Am ließ seinen kühlen Blick über die Boote schweifen und sah dann zu den Galeeren, die die abgebrannten Wrackteile umsteuerten.

»Verzeiht, Majestät, ich erachte es als ein Wagnis von größter Kühnheit.«

Doch Iri hatte sich schon wieder ganz in der Gewalt, und die Antwort entlockte ihm nur sein übliches Wolfsgrinsen. Er wandte sich an den Kapitän.

»Bringt den ›Seefalken‹ auf Hörweite an die Boote heran!«

Noburu verneigte sich und trat mit fahlem Gesicht zurück, um den Befehl auszuführen. Der Rhythmus der Trommel wurde langsamer und setzte dann plötzlich ganz aus. Das Kielwasser schäumte, während der »Seefalke« mit eingezogenen Rudern den Kanus entgegenglitt. Der Abstand verringerte sich zusehends. Als wir nur noch wenige Längen von der Bootsfront entfernt waren, legten unsere Bogenschützen ebenso wie die der Ainu ihre Pfeile an die Sehne. Ich spürte die heftigen Stöße meines Herzens und grub die Zähne in meine Unterlippe.

Plötzlich löste sich eines der Boote aus den dichten Reihen und kam uns mit schnellen Ruderschlägen entgegen. Ich sah Nagasume Tomi am Bug stehen. Er trug seine Rüstung und den Bronzehelm. Außer mit den beiden Schwertern, die in seiner Schärpe steckten, dem Köcher und dem Bogen über seiner Schulter, war er mit einem langen Wurfspieß bewaffnet. Attero, der hinter ihm stand, war ebenfalls mit Pfeil und Bogen ausgerüstet. Ein ledernes Stirnband hielt sein dichtes, lockiges Haar zusammen.

Iri trat dicht an das Schanzkleid heran. Sein hochmütiges Profil leuchtete wie aus Kupfer gestochen. Die Leibwache stand rechts und links, Schild an Schild, an seiner Seite.

»Nagasume Tomi«, rief er, »gebt Euren Leuten den Befehl, den Weg freizumachen, sonst sehen wir uns gezwungen, Eure Boote zu rammen.«

»Verzeiht, Majestät, ein weiteres Vordringen ist Euch nicht gestattet.« Nagasume Tomis gedämpfte und doch klare Stimme klang deutlich zu uns herüber.

Iri entblößte seine Zähne. »Ich bedaure, aber mein Geschwader wird seinen Kurs beibehalten.«

»Verzeiht, Majestät, die Entscheidung, die Ihr zu treffen gedenkt, bleibt Eurem Ermessen überlassen. Meine Krieger haben den Befehl, Eure Schiffe aufzuhalten.«

»Dann sind sie dem Tod geweiht, denn wir besitzen das Sternenschwert.«

Er hob den Arm. Das Schwert mit den sieben Klingen funkelte in seiner Hand. Ein furchtsames Raunen ging durch die Scharen der Ainu. Einige wandten das Gesicht ab und bedeckten die Augen mit den Händen.

Der Wind trug Nagasume Tomis gelassene Antwort herüber.

»Die Waffe wird Euch kein Glück bringen, Majestät. Euch stand das Recht nicht zu, sich ihrer zu bemächtigen.«

Iris Halsmuskeln schwollen an. Seine Augen funkelten gefährlich. Ich sah, wie seine Hand sich so fest um den Schwertgriff schloß, daß der Schaft sich beschlug.

»Aus dem Weg mit ihnen!« schrie er.

Noburus Befehl schallte über das Deck. »Vorwärts! Mit voller Geschwindigkeit!«

Die Trommel setzte ein. Das dumpfe, machtvolle Vibrieren schien in meinem Herzen widerzuhallen. Die Ruder senkten sich und ließen das Wasser aufsprühen. Die Galeere schoß vorwärts. Das Licht begann vor meinen Augen zu flackern. Wie durch schimmernden Nebel sah ich das Gewirr der Boote auf uns zukommen – nein, wir waren es, die sich ihnen näherten! Ein vielstimmiges Kreischen mischte sich in das Rauschen der Wellen. Ich sah Nagasume Tomi aufrecht in seinem Boot stehen; die Strömung hob und senkte es und warf es der Galeere entgegen. In dem Augenblick, als der Schatten des »Seefalken« auf ihn zuschoß, hob er den Arm mit kraftvoller Gebärde. Der lange Speer mit der blinkenden Spitze nahm seinen Flug. Er sirrte an der Galionsfigur vorbei auf den König zu. Ich sah Iri das Sternenschwert durch die Luft schwingen: Die funkensprühenden Klingen fingen den Speer auf und schleuderten ihn klirrend zur Seite. Er traf mit voller Wucht Itzuses Knie. Im gleichen Augenblick, als der junge Mann aufschrie, hörte ich das krachende Splittern. Der mächtige Schiffsbug war gegen das Kanu geprallt und hatte es mitsamt seiner Besatzung hochgeschleudert. Das Boot barst auseinander; die schäumenden Wellen rissen Holzstücke, zerbrochene Ruder und verstümmelte Körper in die Tiefe.

Itzuse krümmte sich vor Schmerz. Der Speer, der ihm die Kniescheibe gespalten hatte, war durch das Bein tief in die Holzplanken gedrungen und hatte ihn am Boden festgenagelt. Iri starrte abwechselnd auf seinen Bruder und auf das Schwert: Er hielt es wie eine giftige Natter von sich, und plötzlich schleuderte er es in weitem Bogen über das Deck. Es fiel in eine Blutlache, die aufspritzte und die Waffe rot färbte. Ich sprang hinzu, hob das Schwert auf und trocknete die klebrigen Klingen ab. Dann wickelte ich es hastig in meine Schärpe und überreichte es Kuchiko, der sich verneigend die Waffe in Empfang nahm.

»Onoshi! Er soll kommen! Sofort!« keuchte Iri.

Ein Offizier hastete übers Deck. Ein Pfeil traf ihn in die Brust, und er sank zu Boden. Ein anderer sprang an seiner Stelle die Stufen hinunter. Ich kniete neben Itzuse, während die Leibgarde mit erhobenem Schild einen schützenden Wall um uns bildete. Der junge Mann war bei vollem Bewußtsein. Sein Gesicht war schweißüberströmt, und er biß die Zähne aufeinander, um die Kontrolle über sich zu behalten. Die Trommeln schlugen dumpf den Rhythmus; alle Ruderer, auch die Ersatzleute, waren eingesetzt worden. Mit flatternden Segeln bahnten sich die Galeeren einen Weg durch das Gewimmel der Boote. Die Ainu umdrängten sie von allen Seiten, jagten ihre Kanus mit Todesverachtung an die Schiffsflanken heran. Sie ließen ihre mit Widerhaken versehenen Seile kreisen und kletterten in Scharen an Bord. Die Tungusen drängten sie zurück: Reihenweise stürzten die tödlich verletzten Ainu ins Wasser und ertranken. Doch so viele Männer der Tod auch dahinraffte, ebenso viele zogen sich an den Schiffsflanken wieder hoch und warfen sich in den Kampf. Flammende Pfeile steckten die Segel in Brand. Dichter Qualm stieg auf. Heiß und hell prasselte das Feuer. Ständig einem Speer- und Pfeilregen ausgesetzt, arbeitete die Mannschaft fieberhaft, um Wasser an Bord zu schaffen und die Brände zu löschen.

Ich hielt Itzuses Kopf auf meinem Schoß. Sein Gesicht war weiß wie Wachs, seine Augen feucht, und er atmete stoßweise.

»Wo bleibt Onoshi?« Iris Stimme überschlug sich.

Atemlos und erschöpft kam der Arzt an Deck. Er warf einen Blick auf den Speer und rief zwei Offiziere zu sich. Dann verneigte er sich vor Itzuse und sprach: »Verzeiht, Hoheit, aber ich werde Euch Schmerzen bereiten müssen.«

»Wartet!« zischte Itzuse.

Er knotete mit zitternden Händen seine Schärpe auf und steckte sie sich als Knebel in den Mund. Dann gab er dem Arzt ein Zeichen, daß er bereit sei. Doch Onoshi schüttelte den Kopf. Er ließ sich ein Seil bringen, faßte Itzuse mit erstaunlicher Kraft an den Armen, kreuzte sie hinter seinem Rücken und band die Handgelenke fest zusammen. Dann hieß er zwei Wachoffiziere Itzuses Beine flach auf den Boden drücken. Iris Gesicht wurde dunkelrot vor Zorn über die Schmach, die sein Bruder erdulden mußte, doch er preßte die Lippen zusammen und schwieg. Erst als Onoshi sicher war, daß der Verwundete sich nicht mehr rühren konnte, ließ er die Offiziere herankommen. Sie umfaßten den Schaft des Speeres und zogen ihn mit einem Ruck aus der Planke. Unwillkürlich lockerte sich der Griff der beiden Männer, die die Beine hielten. Itzuses Körper bäumte sich in wildem Schmerz auf. Seine Zähne gruben sich in den Knebel. Onoshi ergriff nun selbst den Schaft. Als er den Speer behutsam aus der Wunde entfernte, klaffte die Kniescheibe auseinander. Ein Zittern schüttelte den Verwundeten. Dann erschlaffte sein Körper, und sein Kopf fiel schwer auf meinen Schoß zurück: Er hatte das Bewußtsein verloren. Ich beugte mich über ihn und nahm ihm den Knebel aus dem Mund, während der Arzt sich anschickte, die Wunde zu behandeln.

Iri erhob sich; er schien wie benommen. Nichts verriet in seinem Gesicht den Aufruhr, der in seinem Innern tobte. Doch seine Augen sagten alles.

Mir war nicht bewußt, in welchem Augenblick der Kampf seine entscheidende Wendung genommen hatte. Waren die Ainu durch Nagasume Tomis Tod entmutigt worden? Zwangen sie ihre Verluste dazu, den Kampf aufzugeben? Oder hatten sie eingesehen, daß ihr Sterben sinnlos war, daß weder Heldenmut noch Todesverachtung den Vorstoß des Geschwaders aufhalten konnte? Von irgendwoher wurden Hörner geblasen. Der Ton zerriß die Luft, und das Echo hallte von den Ufern wider. Es war das Zeichen zum Rückzug. Die Ainu, die noch auf den Schiffen kämpften, kletterten über Bord, schleppten ihre Verwundeten mit sich und sprangen in die Wellen. Viele wurden von den Pfeilen, die ihnen die Tungusen nachschickten, getroffen und ertranken; andere entkamen, weil sie unter Wasser schwammen. Zahlreiche Boote kenterten, bevor sie das schützende Schilf erreichen konnten.

Den Männern war es inzwischen gelungen, die Brände zu löschen. Ein auffrischender Wind vertrieb den Rauch, die Sonne war blaß, hob sich aber klar vom Himmel ab. Die

Schwerverwundeten wurden von ihrer Qual erlöst, die Toten über Bord geworfen und die Schiffe gesäubert. Die erschöpften Krieger hatten ihre Helme abgenommen und die Harnische aufgeschnürt. Sie hockten oder saßen mit untergeschlagenen Beinen im Halbkreis. Diener sorgten für Wasser und Verpflegung.

Ich ließ Maki kommen und gab ihr meine Waffen. Dann reichte mir Kuchiko das Schwert mit den sieben Klingen, und ich trug es die Stufen hinunter, die zum Unterdeck führten. Die Männer verneigten sich vor mir, und ich las Ehrfurcht in ihren Augen.

Im Halbdunkel knieten Etsu und Hana vor dem hölzernen Schrein der Göttin. Opferstäbchen brannten; der Weihrauchduft verdrängte den Übelkeit erregenden Geruch nach Tod. Die Priesterinnen verneigten sich vor mir, und ich erwiderte ihre Verbeugung. Behutsam wickelte ich das Schwert aus der Schärpe. Etsu reichte mir ein weißes Leinentuch, und ich säuberte sorgfältig jede Klinge. Dann hüllte ich es wieder in die makellose Seide, legte es in die Truhe zurück und schob die goldenen Schlösser zu. Dann sprach ich: »Ich will der Göttin ein Opfer bringen, denn heute wurde das heilige Schwert entweiht.«

Ich löste die Bänder aus meinem Haar. In schweren, blauschwarzen Wellen fluteten die Haare über meine Ärmel und bildeten vor meinen Knien eine schimmernde Fläche. Ich zog den Dolch heraus, den ich stets bei mir trug, schnitt mein Haar Strähne für Strähne in Schulterhöhe ab und legte es vor dem Schrein nieder. Das schabende Geräusch jagte mir Schauer über den Rücken. Ein trockenes Schluchzen stieg mir in die Kehle. Das Haar ist Sinnbild des Lebens, der Seele, der Kraft, und ich bot es der Gottheit dar. Aber noch während ich die Handlung vollzog, die mich um einen Teil meiner Lebenskraft beraubte, wußte ich, daß mein Sühneopfer vergebens war und die Göttin mir ihre Gnade verwehrte. Der gleichtönende Rhythmus der Trommel, das knarrende Auf und Ab der Riemen erfüllten den

Raum. Die Schiffe erhöhten ihre Fahrtgeschwindigkeit, und der Boden schwankte. Die glatten Wellen, durch die sich die Galeeren einen Weg bahnten, trugen gekenterte Boote, Fässer, angesengte Bretter, Segelfetzen, aufgedunsene Pferdeleiber und Leichen dem offenen, blauglitzernden Meer entgegen.

4

Bei Einbruch der Nacht steuerten wir in einen stillen Flußarm und gingen an Land. Hier wuchs kein Schilf mehr. Die Hügel waren grün von Farnkraut, und das Laub der Bäume spiegelte sich im dunklen Wasser. Taue wurden an Land gerudert und von den Seeleuten an Stämmen befestigt. Die Taue knarrten, als die Galeeren ans Ufer gezogen wurden. Man legte die Laufplanken aus und ließ zuerst die Pferde von Bord, damit sie weiden konnten. Diener luden das Gepäck aus und begannen die Zelte aufzustellen. Obwohl die Kundschafter meldeten, die Gegend sei unbewohnt und anscheinend sicher, ließ Yi-Am einen breiten Graben um das Lager schaufeln und stellte verdoppelte Wachtposten auf.

Tage vergingen. Die Stimmung war bedrückt. Wir hatten starke Verluste erlitten: Acht Schiffe waren mit voller Besatzung gesunken. Zahlreiche Krieger waren verletzt. Die Verwundeten mußten gepflegt, die Toten begraben werden. Viele Schiffe waren beschädigt worden, und die Handwerker erklärten am nächsten Morgen, daß es Zeit brauche, bis alles ausgebessert und neue Segel genäht seien. Iri war sehr aufgebracht. Der Sommer neigte sich dem Ende zu. Bald würde es Herbst werden, und während der schlechten Jahreszeit mußte das Heer im Lager bleiben. In den folgenden Tagen spornte er die Zimmerleute zu höchster Eile an. Er spürte das Unbehagen, das unter den Männern herrschte. Als Feldherr wußte er, daß untätige Krieger leicht zum Aufruhr neigen. Zudem war es unehrenhaft, wenn sie an der Fähigkeit des Heerführers Zweifel hegten. Ging nicht das Gerücht um, der König habe die Göttin derart erzürnt, daß sie seinem jüngeren Bruder bei lebendigem Leib das Mark aus den Knochen sauge?

Es war kein Geheimnis im Lager, daß sich Itzuses Gesundheitszustand von Tag zu Tag verschlimmerte. Die Wunde eiterte, und das Knie war erschreckend angeschwollen. Er glühte vor Fieber. Jede Nahrung war ihm zuwider. Einzig Onoshis Kräuterabsude linderten seine Schmerzen und ließen ihn in eine Art Dämmerschlaf versinken, aus dem er nur erwachte, um teilnahmslos ins Leere zu blicken.

Dann kam der Abend, an dem der Arzt eine Unterredung im königlichen Zelt erbat. Er warf sich vor dem Herrscher auf die Knie und sprach: »Verzeiht, Majestät, wenn ich den Frieden Eures Herzens störe. Ich bin Euch jedoch eine Mitteilung schuldig; Euer Verehrungswürdiger Bruder, Itzuse, befindet sich in Lebensgefahr. Die Wunde hat sich weiter entzündet, und das Gift ist ins Blut gedrungen. Es besteht nur noch eine einzige Hoffnung, ihn zu retten ...«

Er stockte. Ich spürte, wie Iri geräuschvoll den Atem einsog.

»Nun? Sprich weiter!« stieß er heftig hervor.

Der alte Mann hielt ruhig dem erregten Blick des Königs stand.

»Wenn es Eurem Verehrungswürdigen Bruder vergönnt sein soll, morgen noch das Tageslicht zu erblicken, muß er sich heute nacht noch von seinem Bein trennen ...«

Iri erstarrte. Der Kummer verschleierte mir die Augen. Ich erinnerte mich an den Schatten des Todes, den ich am Vorabend des Kampfes über Itzuses Haupt hatte schweben sehen ...

Iri erhob sich und sah auf den Arzt, der vor ihm auf den Knien lag. Seine Stimme war nur noch ein heiseres Flüstern.

»Es liegt an Itzuse, eine Entscheidung zu treffen.«

Wir begaben uns in Itzuses Zelt. Nur das Knistern einer Pechfackel, die in einem Eisenring an dem Mittelpfahl befestigt war, unterbrach die Stille. Der Flammenschein glitt über die Zeltwände und flackerte unruhig über die Gestalt, die auf weichen seidenen Daunenkissen gebettet lag. Ein halbwüchsiger Diener kauerte neben einem bronzenen Dreifuß, auf dem kleine Holzstücke schwelten. Doch der wohlriechende Rauch vermochte nicht den ekelhaft süßlichen Geruch im Zelt zu vertreiben.

Itzuse war bei Bewußtsein, denn er schlug die Augen auf. Im rötlichen Halbdunkel erschien sein Gesicht aufgequollen und fleckig. Er deutete eine Verbeugung an; wir erwiderten seinen Gruß und knieten neben dem Lager nieder. Onoshi ließ sich mit untergeschlagenen Beinen im Hintergrund nieder und kehrte, wie es sich gehörte, sein Gesicht der Zeltwand zu.

Iri gab dem Diener ein Zeichen, uns allein zu lassen. Er überbrachte Itzuse die Nachricht des Arztes und fügte dann bedrückt hinzu: »Ihr seid Herr über Euer Leben. An Euch liegt es, zu entscheiden.«

Itzuse schwieg lange. Sein Atem ging stoßweise, und seine Augen glitzerten eigentümlich. Dann, kaum hörbar, rief er: »Onoshi!«

»Ja, Herr?« Der Arzt kam näher, legte die Handflächen auf den Boden und verneigte sich vor dem Verwundeten.

Itzuse versuchte sich aufzurichten. »Wenn ich zu diesem Eingriff bereit bin«, fragte er mit leiser, rauher Stimme, »werde ich dann noch in der Lage sein, ein Pferd zu beherrschen?«

Onoshi hob die Lider und hielt Itzuses forschendem Blick stand. »Verzeiht, Herr, aber der Entzündungsherd hat so weit um sich gegriffen, daß es mir nicht zusteht, Euch Hoffnung zu machen.«

Itzuse ließ sich in die Kissen zurückfallen. Der Anflug

eines Lächelns glitt über sein entstelltes Gesicht. »Ich danke dir. Du kannst gehen.«

Onoshi verneigte sich und verließ das Zelt. Ich sah, wie Iri sich vergeblich bemühte, das Zittern seines Kinns zu unterdrücken. Itzuses abgezehrte Finger verkrampften sich auf der Decke. Als er sprach, klang seine Stimme friedlich und klar: »Was ist ein Mann noch wert, dem es versagt ist, ein Streitroß zu führen? Wir haben den Zorn der Göttin heraufbeschworen und sind in ihrer Hand.« In seinen Worten schwang Stolz und Verachtung mit. Ein Krüppel, der sich nicht mehr im Sattel halten konnte, mußte sich vor den Kriegern schämen.

Iri preßte den Mund fest aufeinander. Unsere Blicke begegneten sich, und ich las Haß in seinen Augen. »Das Schwert ist mit Unheil beladen!« keuchte er. »Ich werde es im Ozean versenken lassen!«

Itzuse hob matt die Hand. Er atmete gepreßt, und seine Worte waren kaum verständlich. »Nicht das Schwert ... ist mit Unheil beladen. Ihr habt ... die Warnung übersehen ... die Riten mißachtet ...«

Der König starrte ihn an. Seine Hände ballten sich zu Fäusten. Dann senkte er den Kopf. Schweißtropfen perlten auf seiner Stirn, und ein tiefer Atemzug hob seine Brust. »Wahrlich«, stieß er hervor, »ich habe Unseliges getan und der Göttin mißfallen. Wie kann ich ihr Wohlwollen wiedergewinnen?«

Itzuses aufflackernder Blick wanderte zu mir hinüber. »Toyo no Mikoto ... wenn ich nicht mehr bin ... befragt das Orakel. Die Göttin wird Euch ... durch mich ... ihre Botschaft verkünden ...«

Ein kühler Hauch schien durch das Zelt zu wehen und ließ mich erschauern. Ich verneigte mich, von Ehrfurcht erfüllt, und spürte auf meiner Wange die Berührung meines kurzgeschnittenen Haares. »Habt Dank, Itzuse. Ich werde Euer Wort befolgen.«

»Laßt mich allein«, flüsterte Itzuse. Sein Kopf bewegte

sich hin und her. Abgebrochene, kaum hörbare Sätze kamen über seine Lippen. »Bringt mir ... mein Streitroß ... Wir werden über einen Teppich aus Gräsern ... bis zu den Ufern des Himmels dahinstürmen ... wie die Wolken ... wie der Blitz ... wie die Bahn eines fallenden Sternes ...«

Sein Gesicht war von Sehnsucht verklärt.

Iri sagte feierlich: »Er ist glücklich. Bald wird er in die Steppen seiner Väter zurückkehren.«

Itzuses Atemzüge waren tief, röchelnd. Seine Augäpfel bebten hinter den geschlossenen Lidern. Die bleichen Hände zuckten auf den Kissen.

Er starb bei Tagesanbruch, ohne das Bewußtsein wiedererlangt zu haben.

Iri ordnete neun Tage Trauer an und ließ seinen Bruder mit den größten Ehren bestatten. Itzuse wurde mit seinen Waffen, seinem Schild und seinem Schmuck in ein prunkvoll ausgestattetes Grab gelegt. Der Verstorbene, in seine kostbarsten Gewänder gekleidet, war in ein seidenes Leichentuch gehüllt. Er ruhte auf einer mit Schnitzereien versehenen Bahre, und sein Haupt war nach Osten gerichtet. Um seine große Trauer zu bekunden, befahl der König, daß Itzuses Lieblingspferd, ein kastanienbrauner Hengst mit wundervoller, lockiger Mähne, ihn ins Jenseits begleiten sollte. Man hatte ihm Harnisch und Zaumzeug abgenommen und weiße Bänder in die Mähne geflochten. Iri selbst schwang den Säbel, der ihm die pulsierende Halsschlagader durchschnitt. Es war ein schnelles Töten, aber ich empfand Mitleid und Schmerz, als das schöne Tier in die Knie sank, seinen blutüberströmten Kopf im Staub wälzte und schließlich für immer erstarrte.

Der tote Hengst wurde neben dem Verstorbenen in die Gruft gelegt. Dann wurde die Öffnung mit einem mächtigen Felsblock verschlossen. Man häufte schwere Steine auf die Grabstätte und schaufelte Erde darüber. Schon im nächsten Frühling würden Moos und Gräser darauf wachsen. Im Laufe der Zeit würde sich der grüne Hügel kaum noch von seiner Umgebung abheben ...

Als der neunte Trauertag verstrichen war, ließ ich abseits des Lagers ein Zelt errichten. Etsu und Hana stellten in der Mitte des Zeltes ein Strohgeflecht auf, dessen strahlenförmiger oberer Teil das Sonnenrad darstellte. Das Strohgeflecht symbolisierte die Weltachse. Rundherum steckten die Priesterinnen zwölf grüne Bambusstäbe in den Boden, an denen weiße Tücher hingen. Oberhalb der Stäbe wurden zwölf Seile, die die zwölf Monate des Jahres darstellten, befestigt und schlangenförmig verknotet. Der somit gebildete Kreis stellte die Himmelsdecke dar; die schlangenförmigen Verknotungen versinnbildlichten das Leben. Matten aus weichem Steppengras wurden auf dem Boden ausgebreitet. Auf einem Holzkohlenbecken kochte ich Reis und füllte ihn dann in vier kleine Schalen.

All diese Vorbereitungen nahmen viel Zeit in Anspruch; wir sprachen kein Wort, um den Geist, den ich anrufen würde, nicht zu erschrecken.

Mitternacht war bereits vorüber, und ich war sehr müde, als mich Etsu und Hana in ein weißes, fließendes Gewand kleideten. Eine ebenfalls weiße Kordel, deren Knoten zu einer Acht geschlungen war, umschloß meine Taille. Mein Gesicht wurde weiß gepudert; ein Band aus Reisstroh hielt mein kurzes Haar im Nacken zusammen. Etsu reichte mir eine Rute aus Weißholz und Hana eine mit Wasser gefüllte Schale. Ich tauchte die Rute in das Wasser und besprengte das Zelt in den vier Himmelsrichtungen. Dann kniete ich mich unter dem Strohgeflecht vor einem bronzenen Dreifuß nieder und zündete mit einem Holzscheit die Kohle an. Etsu und Hana knieten still mit gesenkten Köpfen, während ich mir Schläfen und Handgelenke mit einer stark duftenden Salbe einrieb. Der würzige, schwere Duft, der sich mit dem Geruch des Rauches vermischte, berauschte mich. Ich warf Kirschbaumrinde in das Feuer. Ein leises Zischen war zu hören. Der Geruch wurde süßlich-herb und nahm mir fast den Atem. Ein rötlicher Schleier senkte sich vor meine Augen. Mir schien, daß die Zeltwände sich in Nebel auflösten. Die Luft schluckte jede Spur von Licht. Ein schwarzer Himmel klaffte wie ein offenes Tor, aus dem eisige Kälte strömte. Schauder rieselten über meinen Körper. In der Finsternis war mir, als ob mein Bewußtsein wie eine erlöschende Kerze flackerte. Ein Luftzug, der den Geruch modriger Erde mit sich trug, wehte durch den leeren Raum. Von weit her hallte eine Stimme zu mir herüber. Es war nicht die Stimme eines Lebenden; sie drang auch nicht an mein Gehör. Einzig mein Geist verstand, was sie sagte.

»Ich bin es . . . Itzuse! Befrage mich!«

Meine Lippen öffneten sich. »Wo . . . wo befindest du dich?«

»Ich bin dir nahe. Die Kraft in dir hat mich herbeigerufen. Doch eile! Ich kann nur kurze Zeit bei dir verweilen . . .«

Die eiskalte Finsternis fegte durch mich hindurch. »Warum bist du gestorben?«

»Die Göttin lenkte den Speer auf mich, um den König zu strafen. Mir jedoch gewährte sie die Gnade, zwischen Leben und Tod zu wählen. Ich wählte den Tod . . .«

»Ist deine Seele versöhnt?«

»Meine Seele ist versöhnt, denn die Riten wurden eingehalten.«

Der Modergeruch erstickte mich fast. Ich rang verzweifelt nach Luft. »Was wird jetzt geschehen?«

»Das Sternenschwert wird euch den Sieg bescheren. Doch lasset den König wissen, daß er nicht dazu berufen ist, die heilige Waffe zu führen.«

Die Worte hallten in der vibrierenden Leere. Ich stöhnte: »Wer ist denn dazu berufen, sie zu führen?«

»Jener, der sie einst geschmiedet hat.«

Mein Kopf schien zersprungen und von blauen Flammen erfüllt. »Das kann niemals sein!« Ich hörte mich röcheln. »Er wurde mit dem heiligen Bannfluch belegt . . .«

Unerbittlich fuhr die Stimme fort: »Er war dazu auserwählt, unsere Einigung herbeizuführen und das Königreich zu festigen ...«

Ich schrie, und es war ein Aufbäumen meiner ganzen Seele: »Er trägt die Zeichen der Schande!«

»Er hat seine Schuld abgetragen. Die Göttin sprach ihn frei ...«

Der eisige Windstoß fuhr über meinen Körper hinweg. Die Stimme klang wie das Echo einer fernen, immer leiser werdenden Tempelglocke. In meinen Ohren pochte und rauschte das Blut. Ich verlor die Besinnung.

Dämmerung. Leises Stimmengewirr. Huschende Schatten. Ich stöhnte: »Zu trinken!«

Jemand hob mir den Kopf, führte eine Schale heißen Tee an meine Lippen. Gierig trank ich. Nach und nach kehrte mir das Bewußtsein zurück. Ich lag auf einer weichen Matte, in meinem Zelt. Maki hatte mir die naßgeschwitzten Kleider ausgezogen, mich gewaschen und gekämmt. Der Tag brach an: Ich hörte das Zwitschern der Vögel. Mir kam in den Sinn, daß Etsu und Hana die heiligen Geräte gesäubert und das Strohgeflecht entfernt haben mußten. Die Riten, die wir anwendeten, um zur Ekstase zu gelangen, wurden geheimgehalten.

Erschöpft starrte ich in das Halbdunkel. Es kam manchmal vor, daß ich beim Erwachen aus der Trance die Mitteilung des Orakels vergessen hatte; darum mußten Zeugen anwesend sein, die später meine Aussagen wiederholten. In dieser Nacht jedoch war jedes Wort wie mit glühenden Eisen in mein Gedächtnis geprägt. Meine Haut war von Schüttelfrost überzogen, und doch spürte ich, wie ich innerlich glühte. Wahrhaftig, dachte ich, es ist grauenvoll für einen Menschen, die Stimmen des Jenseits zu empfangen und dem Schicksal als Werkzeug zu dienen ...

Ich preßte die Handflächen auf die Augen, bis rote und gelbe Flecken sich hinter meinen Lidern zu drehen begannen. Ein Bild löste sich aus dem flackernden Wirbel: Das

Gesicht eines Mannes, goldbraun und schön, mit Augen, glühend wie rötliches Holz bei Nacht. Ein Stöhnen entfuhr mir. Ich dachte: Wie kann ich es wagen, dir wieder ins Antlitz zu schauen?

»Herrin, seid Ihr erwacht?«

Makis besorgte Stimme riß mich aus meiner Benommenheit. Ich nahm die Hände von den Augen und starrte auf die Zeltbahnen, durch die das goldene Licht der Morgensonne drang. Langsam richtete ich mich auf.

»Kleide mich an. Man lasse den König wissen, daß ich die Botschaft des Orakels empfangen habe.«

Purpurne Sonnenpfeile brachen durch das Laub, und der Tau funkelte auf den Grashalmen, als ich mich unter dem Zeltvordach auf einem Kissen niederließ. Mein Gesicht war weiß gepudert, die Lippen rot geschminkt. Über meinem weißen Seidengewand mit den weiten Flügelärmeln trug ich einen scharlachfarbenen Überwurf. Über meiner Stirn war ein breiter Bambuskamm befestigt, den zwei Kugeln aus unbekanntem, schwarzem Metall verzierten. Es war der Kamm, der mir einst auf der Heiligen Insel von der »Hüterin des Tempels« als Zeichen meiner Unterweisung überreicht worden war. Ich trug ihn, um dem König zu bedeuten, daß ich ihn nicht als Gattin, sondern als oberste Sonnenpriesterin empfing. Er sank vor mir auf die Knie und berührte mit der Stirn den Boden. Dann setzte er sich auf die Fersen zurück und sah mir gespannt ins Gesicht, doch er wartete, bis ich als erste das Wort ergriff.

Er trug ein blaues Gewand, eine goldbestickte Schärpe und einen Harnisch aus Leder und Bronzeketten. Seine verkrampften Züge verrieten mir seine Unruhe. An seinen blutunterlaufenen Augen und an dem leichten Geruch von Reiswein merkte ich, daß er eine schlaflose Nacht hinter sich hatte.

Langsam und nachdrücklich sprach ich: »Heute nacht vollzog ich die Riten. Der Geist Eures Verehrungswürdigen Bruders ließ mir eine Mitteilung zukommen.«

Iri deutete eine Verbeugung an. »Ist seine Seele besänftigt?«

»Ja. Die Opfer wurden zu seiner Zufriedenheit vollzogen.«

Iri verbeugte sich abermals, und ich spürte wieder seine Ungeduld.

»Folgendes«, fuhr ich fort, »hat mir das Orakel offenbart. Das Sternenschwert wird uns den Sieg schenken. Doch einzig Susanoo-no-Mikoto, König des Landes Izumo, ist es erlaubt, die heilige Waffe zu führen.«

Iri starrte mich an, als würde sich die Erde vor ihm spalten. Alles Blut war aus seinem Gesicht gewichen. Ein endloses Schweigen. Dann brach es fast zischend aus ihm hervor: »Seid Ihr von Sinnen? Oder habt Ihr die Zeichen mißdeutet?«

Ich kniete vor ihm in der gleichen bewegungslosen Haltung. »Wir Menschen«, sagte ich, »sind in den Händen der Götter. Unserem Begreifen sind Grenzen gesetzt, und darüber hinaus sollten wir nicht forschen.«

Iri hörte mir kaum zu. »Ein Abtrünniger, der die Waffen gegen sein eigenes Volk erhob!« Er erstickte fast an seinen eigenen Worten.

Ich rührte mich nicht und senkte auch nicht den Blick. »Er befolgte den Ruf seines Schicksals.«

Iri beugte sich vor, weiß vor Wut, und hämmerte mit den Fäusten auf den Boden. »Sein Todesurteil war bereits beschlossen! Ihr aber habt ihn aus dem Gefängnis befreit und ihm zur Flucht verholfen!«

Trotz aller Beherrschung spürte ich meine Stimme beben. »Er hat nicht die Flucht ergriffen! Er ging ins Exil, weil ich es anordnete!«

»Wenn er sich göttlichen Wohlwollens erfreut, so ist das eine Angelegenheit zwischen ihm und der Göttin«, zischte Iri. »Er ist mein erklärter Feind und nicht mein Verbündeter. Er hat meine Ehre verletzt und mich um meine legitime Rache gebracht...«

Ich ließ seinen Zorn über mich ergehen. Vielleicht würde er zur Vernunft kommen. Doch ich kannte seine Eitelkeit. Nichts machte ihn stolzer als Zeichen der Verehrung und bewundernde Blicke.

Scheinbar gelassen erwiderte ich: »Meine Aufgabe bestand darin, Euch die Botschaft des Orakels zu übermitteln, nicht aber Euch einen Rat zu erteilen. Die Entscheidung liegt in Eurem Ermessen.«

Ich verbeugte mich, zum Zeichen, daß ich nichts mehr hinzuzufügen hatte. Iris Zorn schien mit einem Mal wie verflogen. Sein Blick war nachdenklich geradeaus gerichtet, wie bei jemand, der überlegt, wie er aus einer unangenehmen Lage Nutzen ziehen könnte. Eine seltsame Lähmung bemächtigte sich meiner Gedanken, als ich sah, wie das lauernde Wolfsgrinsen auf seinen dünnen Lippen erschien.

»Da der Herrscher von Izumo mich bis heute noch nicht als seinen Lehnsfürsten anerkannt hat, wäre es an der Zeit, ihn an seine Vasallenpflicht zu erinnern.«

Langsam sog ich die Luft ein, doch mein Gesicht blieb heiter und ruhig. Iri verneigte sich förmlich, und ich erwiderte seine Verbeugung. Ich sah ihm nach, wie er sich mit seiner Leibgarde zurückzog, und dachte: Was soll aus mir werden?

Der Botschafter, den Iri nach Izumo entsandte, war mein Vetter Koyane. Er war ein ruhiger, besonnener Mann, der jedem Streit aus dem Weg ging. Ich hatte dem König zu dieser Wahl geraten, denn ich wußte, daß Susanoo Koyane mit Rücksicht behandeln würde.

Der Weg zur Küste von Izumo führte durch dichte Wälder und abgelegene Täler. Koyane machte sich mit einer Begleitmannschaft von fünfzig Kriegern, die ihn vor Überfällen schützen sollten, auf den Weg. Er gab dem König die Zusicherung, noch vor Neumond wieder ins Lager zurückzukehren.

Jetzt, da das Schicksal nicht mehr aufzuhalten war, erlaubte ich mir des öfteren, an Susanoo zu denken. In den vergangenen Jahren waren nur spärliche Nachrichten aus Izumo eingetroffen. Man erzählte sich jedoch Seltsames. Es hieß, die Göttin habe ihm Gewalt über die Schätze der Erde geschenkt, nachdem er das Land Torikami von einem Ungeheuer, das es verwüstete, befreit hatte. Das Ungeheuer sollte acht Köpfe und acht Schwänze gehabt haben, es sollte so lang gewesen sein wie acht Hügel und acht Täler. Susanoo hatte das Ungeheuer mit Reiswein betäubt und ihm dann den Bauch aufgeschlitzt. Weiter hieß es, er habe in der Provinz Suga einen Palast erbaut, der über den Wolken schwebe und dessen Räume selbst im kältesten Winter die wohltuende Wärme des Sommers bewahrten. Auf den Reisfeldern würde das Wasser gegen die natürliche Strömung fließen und nie versiegen, so daß die Ernte nicht mehr von Dürre bedroht oder von Regen abhängig war. So erzählten die Leute. Ich jedoch wußte, daß es verschiedene Wahrheiten gab. Es mußten in Izumo Dinge geschehen sein, die über das Verständnis der Menschen hinausgingen.

Noch war es Sommer; die Pinienzweige schaukelten vor dem blauen Himmel, und das Farnkraut war grün, doch abends wehte der Wind kühl. Es war bereits zunehmender Mond, als ich eines Abends im königlichen Zelt saß und mit Iri Reiswein trank. Zu vorgerückter Stunde wurden die Rufe der Wachen laut. Hufstampfen und Klirren von Zaumzeug waren zu vernehmen. Mein Herz begann wild zu hämmern. Ich stellte behutsam das Keramikschälchen auf die Matte zurück und verbarg meine zitternden Hände in den Ärmeln meines Gewandes. Das Stimmengewirr näherte sich dem Zelt. Ein Hauptmann meldete, daß Koyane und seine Begleitmannschaft soeben aus Izumo eingetroffen seien.

»Bittet Koyane zu uns ins Zelt«, befahl Iri.

Er setzte sein Reisweinschälchen an die Lippen und leerte es in einem Zug. Er schaute zu mir herüber, doch ich sah zu Boden. Schatten bewegten sich vor dem Zelteingang: Koyane trat ein und verbeugte sich. Seine Kleider waren verschwitzt und staubbedeckt.

Wir erwiderten seinen Gruß. Koyane richtete sich auf, und ich sah sein Gesicht, das vor Erschöpfung wie dunkles Holz glänzte. Er nahm mit einer Verbeugung den Reiswein entgegen, den ich ihm einschenkte. Als er das Schälchen geleert hatte, ließ er sich auf seine Fersen nieder und sprach:

»So lautet die Botschaft, die mir Susanoo-no-Mikoto, der Herrscher von Izumo, für Eure Majestät auftrug...« Koyanes Stimme nahm einen dumpfen Klang an. »Der König von Izumo dankt Eurer Majestät für die ihm gewährte Gunstbezeigung, bittet Euch jedoch, ihn zu entschuldigen: Es zieme sich nicht für einen Verbannten, an dem Feldzug Eurer siegreichen Majestät als Verbündeter teilzunehmen.«

Stille. Die Fackeln knisterten. Iri saß da wie erstarrt, die Schatten spielten auf seinem regungslosen Gesicht. »Und weiter nichts?« fragte er schließlich.

»Verzeiht, Majestät, weiter nichts.«

Koyane verbeugte sich. Ich sah, daß seine Haut von einem leichten Schweißfilm überzogen war. Wieder Schweigen. Dann hob Iri die Hand, und das Gold seines Flügelärmels leuchtete im Halbdunkel.

»Ich danke Euch, Koyane. Geht und ruht Euch aus. Ihr werdet von der Reise müde sein.«

Als Koyane das Zelt verlassen hatte, hob Iri langsam den Blick. Unsere Augen begegneten sich. Zwei rote Flecken waren deutlich auf seinem bleichen Gesicht zu erkennen. Seine Worte klangen leise und zischend: »Er wagt es, seinen Lehnsfürsten zu verhöhnen!«

»Verzeiht, Majestät, es lag gewiß nicht in seiner Absicht, Euch zu kränken...«, stammelte ich verstört.

Doch Iri war hellhörig genug, sich nicht täuschen zu lassen. Zügelloser Haß verzerrte seine Züge. »Wie kann er es wagen, meinen Befehl zu verweigern? Ich bin Sujin, die allerhöchste Majestät! Was könnte mich hindern, morgen mein Heer nach Izumo zu schicken, das Land zu verwüsten und ihn wie einen Verbrecher kreuzigen zu lassen!«

Schweiß brach mir aus allen Poren. Ich wußte, daß es keine leere Drohung war. Um Haltung zu bewahren, füllte ich Reiswein in ein Schälchen und bot es ihm scheinbar gelassen dar. Er schlug mir das Schälchen aus der Hand. Der Reiswein ergoß sich über mein Gewand und spritzte mir ins Gesicht. Mein Atem wurde schneller, doch ich rührte mich nicht. Die Tropfen liefen mir über die Wangen wie Tränen.

Ich sah ihn an und sprach: »Nichts, Majestät, nichts könnte Euch daran hindern. Aber die Seele Eures Verehrungswürdigen Bruders würde keinen Frieden finden, und die Geister mit den verhüllten Gesichtern würden Euch über Land und Meer verfolgen ...«

Meine Worte schienen ihn zur Besinnung zu bringen. Selbst ein König darf eine Sonnenpriesterin nicht leichtfertig kränken. Doch noch immer wallte der Zorn in ihm; ich sah an seiner Stirn die geschwollenen Adern.

»Ich beuge mich nicht den Launen eines Gesetzlosen!«

Ich atmete tief und entgegnete sanft: »Er war es, der das Sternenschwert schmiedete.«

Er starrte mich an. Das Licht glitzerte in seinen Pupillen. Mir war seine plötzliche Veränderung nicht entgangen. Ich spürte, daß er nachdachte: Es stand für ihn zu viel auf dem Spiel. Plötzlich erschien ein ironisches Lächeln auf seinen Lippen. Noch bevor er zu sprechen begann, ahnte ich seine Worte, und mein Atem stockte.

»Nun gut«, sagte er gelassen. »Da Euer starrköpfiger Verwandter wie Wachs in Euren Händen zu sein scheint, erlaubt mir, Eure Hilfe in Anspruch zu nehmen. Ich bitte Euch, nach Izumo zu reisen und ihn persönlich von der Notwendigkeit eines Bündnisses zu überzeugen.«

Ich senkte den Blick auf meine regungslosen Hände. Kaum hörbar brachte ich über die Lippen: »Ich bitte Euch, verlangt nicht das von mir ...«

Er lachte leise und höhnisch; er hatte sich wieder vollkommen in der Gewalt. »Was nützt es, ihm weitere Botschaften zu übermitteln? Kostbare Zeit würde verlorengehen und seinen Entschluß nicht ändern. Dich aber kenne ich: du bist zart nach außen wie eine sanfte Blume im Frühling. Aber im Innern gleichst du einem Pfeil, der unbeirrt dem Ziel zufliegt...« Er beugte sich leicht vor. Seine glänzenden Pupillen hefteten sich auf mich wie die Augen einer Schlange, die ihre Beute zu betören sucht. »Es gibt zwischen dir und ihm etwas, das du mir verheimlichst. Eines Tages werde ich herausfinden, was es ist. Für heute genügt es mir zu wissen, daß es nur einen einzigen Menschen gibt, der ihn von seinem verfluchten Hochmut abbringen und ihn als ergebenen Vasall zu mir führen kann. Dieser Mensch bist du.«

5

So trat ich die Reise nach Izumo an. Die Begleitmannschaft von hundert Kriegern bestand ausschließlich aus Leuten von Yamatai. Viele von ihnen hatten meiner Mutter als Leibwächter gedient. Alle Banner und Standarten an den Lanzen trugen die Wappen unseres Königshauses. Eine Anzahl Diener und mit Gepäck beladene Pferde bildeten den Schluß des Zuges.

Ich ritt Shiro-Uma, meine schöne weiße Stute, deren Mähne mit Silber- und Hornamuletten durchflochten war. Nach Männerart trug ich weite, dunkelblaue Hosen, die unter den Knien mit Bändern umwickelt waren, und ein buntbesticktes Lederwams. Der lange Gazeschleier, der an meinem Strohhut befestigt war, schützte mein Gesicht vor den grellen Sonnenstrahlen. Maki ritt hinter mir auf einem sanften Pferd, das ich ihr geschenkt hatte.

Es war eigentlich ein kurzer Weg: Schon bei Vollmond würden wir in Izumo eintreffen. Doch für mich war es eine

Reise ans andere Ende der Welt, eine Rückkehr in jene dunklen Gefilde der Vergangenheit, deren Schatten mich noch immer verfolgten ...

Wir waren auf unangenehme Zwischenfälle gefaßt, doch die Reise verlief ruhig. Kuchiko ließ jeden Morgen einen Kundschafter vorausreiten. Nachts, wenn ich auf einer Satteldecke unter den Sternen schlief, umstanden die wachsamen, schwerbewaffneten Männer wie ein eherner Wall mein Lager ...

Wild und schön ist mir die Gegend in Erinnerung geblieben: Über uns ein hoher, klarer Himmel; in der Ferne Berge, lila wie Saphirkuppen; schwarze Pinien und Bambushaine. Am Morgen des vierten Reisetages erblickten wir von einem Gipfel aus die Küste. Die Pinien zeichneten sich hochaufragend oder gebeugt am Himmel ab. Zwischen den Bäumen und dem Meeresufer schien sich der Strand endlos hinzuziehen. Gischt sprühte auf, wo sich die Brandung an den schwarzen Felsen brach, und weiter draußen dehnte sich das smaragdgrüne Meer.

Wir kamen durch Dörfer, deren Häuser auf Holzpfählen standen. Die strohbedeckten Dächer hatten eigentümliche, nach oben geschwungene Formen. Als die Bewohner unsere Wappen erkannten, warfen sie sich auf die Knie und berührten mit der Stirn den Boden. Ihr Gruß war ehrerbietig, aber nicht unterwürfig; sie lachten und winkten, und die Frauen riefen den Kriegern Scherzworte zu. Die Leute hier waren groß und kräftig und hatten eine goldene Hautfarbe. Die Frauen waren auffallend hübsch, mit roten Wangen und fröhlichen Augen. Männer und Frauen trugen die gleichen kurzen, meist dunkelblauen Kleider, die um die Hüften von buntbestickten Schärpen gehalten wurden. Die jüngeren Frauen ließen ihr offenes Haar im Wind wehen, die älteren hatten weiße oder gemusterte Tücher um die Stirn gebunden.

Koyane hatte mich über manches vor meiner Abreise unterrichtet. Mir kamen seine Schilderungen wieder in den

Sinn. »Izumo hat sich zum mächtigsten Reich der östlichen Inselgruppe entwickelt. Der König sagte mir, daß das Land seinen Wohlstand nicht nur den Erz- und Eisenminen verdanke, sondern vor allem der Landwirtschaft. Er führte mich zu den Bauern und zeigte mir, wie die Reisfelder durch ein Netz künstlicher Kanäle unter Wasser gesetzt werden, so daß jedes Jahr eine ausreichende Ernte gesichert ist.«

Staunend hörte ich zu, als er von der Festung sprach, die Susanoo auf einem Hochmoor am Strand von Suga hatte errichten lassen.

»Auf drei Seiten kann man das Meer sehen, und in jedem Raum hört man die Wellen wie den Widerhall in einer Muschel rauschen. Die Dächer der Festung sind geschweift wie der Bug eines Schiffes. Im Winter werden die Zimmer geheizt, indem man heißes Wasser durch Röhren leitet, die unter dem Fußboden verlaufen. Eine höchst bemerkenswerte Erfindung«, hatte Koyane kopfschüttelnd hinzugefügt.

Ich hatte lange gezögert, ihm die Frage, die mir auf dem Herzen lag, zu stellen. »Und *er* . . . hat *er* sich sehr verändert?«

Koyane hatte nachdenklich seinen Fächer bewegt. »Er ist ein weiser Mann . . . weiser, als wir alle es jemals für möglich gehalten hätten . . .«

Diese Worte hallten in meinem Gedächtnis wider, als wir durch den Wald der Küste entgegenritten. Die grünen Schatten der Pinien glitten über uns hinweg. Hier und da schimmerte das Meer durch die Zweige. Die Stille im Wald war bedrückender als die Hitze; um diese Zeit hörte man nicht einmal das Summen der Insekten. Die Pferde schwitzten unter ihrem Harnisch, ihre Nüstern waren schaumbedeckt. Dann bewegte sich die Luft. Der Himmel wurde kühl, blau, glatt. Ein frischer Wind wehte vom Meer. Die Flut setzte ein. Trotz der Entfernung hörten wir die Brandung tosen.

Später begegneten uns Fischer, die auf dem Weg zum Strand waren, um in der Nacht ihre Netze auszulegen. Die Mädchen trugen Muschelketten und lachten uns zu.

Gegen Abend schlugen wir an einem Hang unser Lager auf. Die sinkende Sonne färbte sich rot; ich hatte sie noch nie so groß gesehen. Der Himmel glänzte wie Bernstein, und die Berge warfen lange Schatten. In den Baumgipfeln ließen Vögel noch leise ihre abendlichen Rufe hören, dann brach die Dunkelheit herein, und die kupferne Mondscheibe tauchte hinter den Hügeln auf.

In dieser Nacht lag ich lange wach. Ich dachte an den morgigen Tag und erschauerte, aber nicht vor Kälte. Ich lauschte in mich hinein, um ein Zeichen der Gottheit zu vernehmen, doch sie sandte mir keine Botschaft. Ich bemerkte, wie der Nebel aufstieg, dann schlief ich ein.

Als ich erwachte, war mein Gesicht kalt vor Nässe und mein ganzer Körper erstarrt. Verblüfft schaute ich mich um: Das Lager war in dichten Nebel gehüllt. Der rote Schein eines Feuers drang durch den Dunst. Die Diener kauerten um die Glut und bereiteten den Tee, während die Krieger die Pferde sattelten; ich hörte das Klirren des Zaumzeugs, das Stampfen der Hufe.

Kuchiko trat aus dem Dunst. Sein schwarzer Umhang war von winzigen Tropfen bedeckt. »Der Nebel steigt aus dem Meer hoch«, sagte er, und ich lächelte, denn ich erinnerte mich, daß die Leute erzählten, Susanoos Festung sei von Wolken umgeben.

Wir brachen auf. Kiefern und Bambusstauden ragten verschleiert in die Höhe; kein Lufthauch bewegte die Zweige. Wir ritten durch eine Wolkenwand, die jedes Geräusch verschluckte. Allmählich hatte ich den Eindruck, daß die Nebelmassen sich zu lichten begannen: Reisfelder und Maulbeerhaine schimmerten smaragdgrün durch den Dunst. Plötzlich richteten die Pferde die Ohren nach vorn, und die Männer griffen nach ihren Waffen: ein seltsames, rhythmisches Stampfen drang durch den Nebel.

Kuchiko ließ den Zug anhalten und schickte einige Krieger voraus. Bald tauchten sie schemenhaft wieder zwischen den Bäumen auf und meldeten: »Es sind nur Bauern, die ein Fest feiern.«

Immer deutlicher hörten wir den Lärm. Gesang und Pfeifen mischte sich mit Händeklatschen und dumpfem Trommeldröhnen.

Wir ritten jetzt einen Hügel hinunter. Ich spähte angestrengt durch die sich auflösenden Nebelschwaden. Und mit einem Mal brach der Dunstschleier auf, und der Festzug zeigte sich in all seiner Farbenpracht. An die hundert Bauern mußten es sein, die auf ihren Schultern ein riesiges, säulenförmiges Gebinde trugen. Es war aus Bambushalmen und Reisstroh und mit dichtverknoteten Seilringen zusammengehalten. Alle Männer waren bis auf einen Lendenschurz nackt. Ein breites, weißes Stirnband hielt ihr Haar zusammen. Die Frauen, die sie singend und tanzend begleiteten, trugen kurze Gewänder und Schärpen in grellen Farben. Ihr Haar war rot gepudert, die Augen schwarz umrandet, die Brauen nachgezogen. Sie waren mit Blumen und grünen Reishalmen bekränzt. Hinter dem singenden Zug holperte ein Wagen, der von zwei schwarzen Stieren gezogen wurde. Ihre Hörner waren rot gefärbt und die hölzernen Joche mit Blumen geschmückt. Bunte Schnüre flatterten von ihrem Geschirr herunter. Zwei lange Taue, aus weißem und rotem Stoff gedreht, waren an der Deichsel befestigt und wurden von den Händen vieler Frauen, Mädchen und Knaben gehalten. Auf dem Wagen befand sich die Trommel, die größte, die ich je gesehen hatte. Zwei Männer schlugen sie in wechselndem Takt.

Wir ritten näher an den Zug heran. Einige der Bauern verneigten sich höflich, doch die meisten waren bereits angetrunken, schwenkten Reisweinkrüge und riefen uns Scherze zu. Mein Blick fiel auf eines der Mädchen, das in seinen Händen ein Zugtau des Wagens hielt. Sie trug ein rotes Gewand; der Nebel glänzte wie Öl auf ihren schlanken, goldbraunen Schenkeln. Mohnblumen schmückten ihr purpurschimmerndes Haar. Als der Wagen vorbeiholperte, musterte sie mich neugierig und lachte. Ich wandte die Augen zur Seite.

Kuchiko fragte einen älteren Mann, was für ein Fest gefeiert würde.

Der verbeugte sich und sprach: »Wir begehen das Feuerfest zu Ehren der Erdmutter. Die Kultfackel wird zur Festung von Suga getragen und heute abend in Anwesenheit unseres Königs verbrannt.«

Ich machte ein Zeichen. Wir trieben die Pferde an und überholten den Festzug, der bald hinter uns im Nebel verschwunden war. Eine Weile noch begleitete uns das Dröhnen der Trommel, das aufreizende Zirpen der Flöten, das dumpfe, rhythmische Keuchen der Männer, die das Strohgebilde trugen.

Ein leichter Wind kam auf. Die Luft schmeckte nach Tang und Salz. Wir konnten nicht mehr allzu weit vom Meer entfernt sein. Nach und nach durchdrang ein Flimmern die Nebeldecke, verwandelte die Schleier und Dämpfe in unzählige Tröpfchen von Lichtstaub. Alles glänzte, funkelte, strahlte, und das vielstimmige Gezwitscher und Trillern der Vögel klang von überall her. Geblendet, benommen schloß ich die Augen. Als ich sie öffnete, glaubte ich zu träumen: Wind und Sonne hatten die Dunstschwaden aufgelöst. Vor uns lag das Hochmoor von Suga: eine unendlich weite Fläche, dicht bedeckt mit Gräsern, die sich wie grüne Wellen unter den Windstößen bogen. Dahinter erstreckte sich das Meer, so dunkelblau, daß es fast schwarz glänzte. Und auf der anderen Seite der Bucht, wo die roten Klippen steil emporstiegen, erhob sich auf einer Plattform die Festung.

Mir stockte der Atem. Obwohl ich schon vieles über diese Festung gehört hatte, war sie in meiner Vorstellung doch nicht größer gewesen als jede andere Burg. Jetzt erst verstand ich, weshalb dieses Bauwerk auf die Menschen so einen großen Zauber ausübte.

Der gigantische Mauerring bestand aus schweren, glatten Steinquadern, vermutlich Basaltblöcken. Die Ecktürme – es gab deren acht – waren mit Stroh gedeckt. Das Gemäuer hatte keine Zinnen, sondern war in regelmäßigen Abständen von rot und blau bemalten Säulen gekrönt. Ein schmaler Pfad schlängelte sich durch die Ebene; dann wand sich der Weg über den steilen Abhang zu einem der Türme empor. Als wir näher kamen, bemerkte ich, daß die Festung von zwei Mauern umgeben war. Die Basaltblöcke waren ohne Mörtel so genau aneinandergefügt, daß sie eine glatte Fläche bildeten. Alle Mauern waren mit Bogenschützen besetzt.

Wir erreichten das gigantische, steinerne Tor. Das schmiedeeiserne Fallgitter war hochgezogen. Die schweren, eisenbeschlagenen Torflügel standen offen. Nachdem wir das Tor passiert hatten, kamen wir auf eine Steinbrücke. Sie spannte sich über einen Abgrund und führte zu einem anderen ebenso gewaltigen Tor, das in die zweite Ringmauer eingelassen war. Überall standen Wachen. Sie trugen schwarze, enganliegende Harnische und Helme, die ihnen die Augen beschatteten. Ihr langes Haar war zu Zöpfen geflochten, und ich erkannte mit einem Blick, daß ihre Schwerter die besten im ganzen Inselreich waren. Regungslos sahen sie uns entgegen. Das zweite Tor war geschlossen, doch als wir darauf zuritten, öffnete es sich wie von selbst. Der gewaltige Oberbalken bestand aus einem Baumstamm. Darauf war das Wappen mit der heiligen Sonnenscheibe über einer fächerförmigen Blume gemalt.

Die Hufe klapperten auf den Steinen. Wir ritten durch den dunklen Torbogen in einen riesigen, quadratischen Innenhof. Der Sandboden warf die Sonnenstrahlen zurück. Eine breite, steinerne Treppe führte zu einer Terrasse, und darüber ragte mit hochgeschweiften, strohbedeckten Dächern der Palast.

Mein Atem ging schneller, als hätte ich einen Berg bestiegen, und ich benetzte meine trockenen Lippen mit der

Zunge. Das Gebäude vor mir glich einer gigantischen Galeere, die sich mit aufgeblähten Segeln in den Himmel schwang. Die Mauern wurden von rotbemalten Pfosten gestützt, zwischen denen hölzerne Türflügel angebracht waren. Die kunstvoll geschmiedeten Verzierungen der eisernen Angeln zeichneten sich auf den schweren Brettern ab.

Stallburschen kamen herbei, um die Pferde in Empfang zu nehmen. Ich gab den Männern ein Zeichen, abzusitzen. Kuchiko warf mir einen fragenden Blick zu, und ich sagte: »Bitte, wartet hier. Ich möchte ihm allein begegnen!«

Er verneigte sich und trat zurück.

Langsam erklomm ich die Steinstufen. Ein zarter Nebelflaum kräuselte sich um die Ecktürme, und das Sonnenlicht blendete mich, so daß ich die Lider senkte. Als ich sie wieder hob, sah ich oben auf der Treppe einen Mann stehen. Er kam mir nicht eine Stufe entgegen. Hochgewachsen und regungslos stand er in der Helligkeit, einer schwarzen Säule gleich. Ich spürte, wie die Knie unter mir nachgaben. Mir war, als ob mein Geist sich aus dem Körper befreite: Ich schwebte immer weiter, immer höher, Angst und Schmerz waren wie weggewischt: Ich fühlte eine Art Triumph, der meine Schritte mit neuer Kraft beflügelte. Und dann stand ich vor ihm und sah sein Gesicht, unbeweglich und golden, mit Augen, die wie dunkler Karneol glühten. Die Zeit hatte das Blau der Tätowierungen, die Stirn, Kinn und Wangen bedeckten, verblassen lassen. Und genau wie einst schimmerte sein Haar auf den Schuppen seiner Bronzerüstung, fiel in ungestümer, dunkelglänzender Fülle bis zu seinen Hüften herab. Er war unbewaffnet. Doch hinter ihm, zwischen den roten Pfosten, stand stumm und wachsam eine Reihe von Kriegern. Sie hielten die rechte Hand am Griff der halb gezogenen Schwerter.

Ich senkte den Kopf; verneigte mich stumm. Ich spürte ihn vor mir, so unendlich vertraut und doch so unglaublich fremd. Mir war, als würde ich von einem heißen Wind angeweht, und ich starrte zu Boden. Dann vernahm ich ein unerwartetes Geräusch, und als ich den Kopf hob, sah ich, daß er lachte. Es war das leise, spöttische Lachen, das ich so gut kannte.

»Seid willkommen, Majestät, in Izumo. Es ist lange her, daß unsere Wege sich kreuzten ...«

Das Licht vor meinen Augen klärte sich. Ich konnte sprechen und erwiderte: »Das Schicksal hat es so bestimmt, daß wir uns wieder begegnen ...«

»Das Schicksal?« Er kicherte. »Oder Seine Allerhöchste Majestät?«

Röte überflog mein Gesicht. Ihm konnte ich nichts vortäuschen. Doch ich spürte, daß er genauso aufgewühlt war wie ich.

Er verneigte sich höflich und sprach: »Gestattet mir zuerst, Euch meine Gastfreundschaft anzubieten. Nachher werden wir reden ...«

Er gab ein Zeichen. Eine junge Frau mit einem blauen Tuch um den Kopf löste sich aus der gaffenden Schar der Diener. Sie verneigte sich vor mir und geleitete mich in den Palast. Durch Säulengänge, die mit Schilfmatten ausgelegt waren, führte sie mich in einen Raum, der durch Schiebetüren in verschiedene kleine Zimmer aufgeteilt war. Die Decke war aus matt poliertem Holz, und in einer Wandnische stand eine Tonvase, die mit goldgelben Dahlien gefüllt war. Die Frau brachte mir Tee, verschiedene gekochte Gemüse und heiße Tücher, um Gesicht und Hände zu erfrischen. Maki hatte zwei Diener beauftragt, die Truhe, die meine Kleider enthielt, hierherzubringen. Sie schnürte mir Harnisch und Beinschützer ab und half mir, mich meiner Männerkleidung zu entledigen. Ich wählte ein Gewand aus kühler, violetter Seide. Untergewand und Schärpe waren grün. Sorgfältig puderte ich mein Gesicht und schminkte mir die Lider zinnoberrot. Dann ließ ich mich auf ein Kissen nieder, die Hände im Schoß verschränkt, und wartete. In seltsam gelöster Ruhe lauschte ich dem Rauschen des Meeres, das wie ein Echo durch die hellen, friedlichen Räume klang...

Die Sonne stand schon hoch, als ein Diener erschien. Er führte mich durch Säulengänge zu einer Treppe, auf der ich zur Ostterrasse gelangte. Der Diener kniete nieder und öffnete eine Schiebetür. Ich trat in einen großen Raum, der mit weichen, schwarzgeränderten Matten ausgelegt war. Das Sonnenlicht fiel verschwenderisch durch die rot und blau bemalten Säulen, und die mächtigen Deckenbalken schimmerten wie Bernstein. Kostbare Hölzer, die in kleinen Kohlebecken glühten, verbreiteten ihren Duft. In schön geformten Vasen standen Kiefern- und Bambuszweige.

Susanoo saß mit untergeschlagenen Beinen auf einem Kissen. Er hatte seine Rüstung abgelegt; seine Kleider und sein Umhang waren aus schwarzblauem Leinen. Bergkristalle verzierten seinen breiten, ledernen Gürtel. Es saßen einige Männer, vermutlich Wachoffiziere, in seiner Nähe. Ihre Schwerter ruhten auf ihren Knien. Sie verneigten sich, und ich erwiderte ihren Gruß. Eine Handbewegung des Königs entließ sie. Der Diener schloß die Schiebetüren. Wir waren allein.

Stumm kniete ich dem Herrscher von Izumo gegenüber. Vor ihm, auf weißem Sand, lagen brennende, sorgfältig aufgeschichtete Holzkohlestücke. In einem gußeisernen Kessel auf einem kleinen Dreifuß dampfte Wasser. Ich horchte auf das leise Zischen der Glut, das Summen des Wassers. Dann öffnete Susanoo eine kleine Teedose aus Steingut, häufte die richtige Menge grünen Tee auf einen Bambuslöffel und verteilte ihn in zwei kleine Schälchen. Er goß kochendes Wasser auf die Blätter und rührte mit einem winzigen Bambusstab um. Dann fügte er einige Tropfen kaltes Wasser hinzu, verneigte sich und reichte mir die Schale.

Unsere Augen trafen sich. Ich beugte mich vor, um die Schale in Empfang zu nehmen, und spürte, wie meine

Hände zitterten. Vorsichtig nippte ich an dem grünen Getränk, hielt inne, wie es die Höflichkeit vorschrieb. Dann leerte ich das Schälchen, während er immer noch schweigend den Tee für sich selbst bereitete. Ich war ihm dankbar für diese rituelle Handlung. Wir benötigten einen Augenblick der Besinnung, um Frieden in uns einkehren zu lassen. Einst waren unsere Seelen so gewaltsam auseinandergerissen worden, daß sie Zeit bedurften, um sich behutsam wieder zu nähern.

Sorgfältig reinigte er die Schalen und trocknete sie mit einem weißen Leinentuch. Ich saß bewegungslos, die Hände auf den Knien. Meine Gedanken waren klar wie selten zuvor. Dann spürte ich seinen Blick, fühlte, wie auch er langsam in die Wirklichkeit zurückfand.

»Du hast dein Haar der Göttin geweiht?« fragte er.

»Ja . . .«

Wieder schwieg er eine Weile, dann sagte er: »Wie kommt es, daß mein Dasein mir nie etwas bedeutete, wenn ich nicht über alles und alle anderen den Sieg davontrug? Heute weiß ich, daß der größte Sieg der ist, den der Mensch über sich selbst erringt.«

»Es ist kein leichter Sieg«, sagte ich leise.

Er nickte und ließ den Blick auf den verglimmenden Kohlen ruhen. »Als ich Amôda verließ, wünschte ich mir den Tod. Nicht, weil ich den Krieg verloren hatte, sondern weil es für mich nichts mehr zu verlieren gab. Doch du hattest mir den Auftrag erteilt, mich nach Izumo zu begeben, und es war meine Pflicht, zu gehorchen. Ich wählte den Seeweg. Tagsüber hielt ich mich verborgen und verbrachte die Nächte damit, mir ein Schiff zu zimmern und Segel zu nähen. Als es fertig war, verschaffte ich mir Trinkwasser und Proviant und stach in See. In der fünften Nacht brach ein Sturm los. Ich dachte: Wenn der Kami* des Ozeans nach meinem Leben trachtet, soll er es haben, doch

* Japanische Gottheit

ich werde nicht kampflos sterben. Ich forderte ihn heraus. Ich verhöhnte ihn und rief: ›Zeig mir dein Antlitz! Wenn du es wagst, steige aus den Wolken und komm, um dich mit mir messen!‹ Und der Kami erhob sich in Drachengestalt über den Wolkenbänken. Sein riesiger Leib schlängelte sich in der Finsternis, aus seinen Augen schossen Blitze. Er wuchs in die Höhe wie ein Berg und senkte über mich seine schwarzen Schwingen. Der Sturm zerfetzte die Segel. Eine riesige Sturzwelle ergoß sich über das Boot, und ich wurde ins Meer geschleudert. Das Wasser schloß sich über mir wie eine Gruft, und ich dachte: Der Kami hat sich gerächt und meinen Hochmut bestraft. Dann verlor ich das Bewußtsein.«

Er sprach sehr leise. In seinen Pupillen spiegelte sich die rote Glut.

»Als ich wieder zu mir kam, glaubte ich mich im Jenseits, so blendete mich das Licht. Doch die Schmerzen, die ich überall verspürte, brachten mich zur Besinnung. Da wußte ich, daß ich noch lebte. Die Wellen hatten mich auf einen Sandstrand gespült. Ich mußte schon lange dort gelegen haben, denn die unzähligen Krabben, die auf mir herumkrochen, schienen mich bereits als ihre Nahrung zu betrachten! Ich schüttelte sie ab und wanderte landeinwärts auf der Suche nach Trinkwasser. Die Sonne brannte; der Strand schien sich ins Grenzenlose auszudehnen. Schließlich verließen mich die Kräfte, und ich wurde wieder bewußtlos.

Ich erwachte in einer Schilfhütte. Eine alte Frau gab mir zu trinken und pflegte meine Wunden. Die Leute, die mich aufgenommen hatten, gehörten zum Stamm der ›Ama‹. Die Frauen tauchten nach Perlen und Schwämmen, während die Männer die Felder bestellten. Die alte Frau war ihr Sippenoberhaupt. Sie sorgte dafür, daß ich wieder zu Kräften kam, und so teilte ich einige Zeit lang das Leben der Ama. Ich lernte verschiedene Stammesoberhäupter kennen, die mir die Verwaltung der Erz- und Eisenminen übertrugen.

Jeder Küstenstamm hatte seine eigenen Bräuche und Gesetze; Blutfehden gehörten zum Alltag wie Hochzeiten. Sie lebten in ständiger Furcht, denn zu jener Zeit befand sich das Gebiet in den Händen der Wei-Fürsten des chinesischen Festlandes, die sich den Zugang zu den Minen gewaltsam verschafft hatten. Die Wei plünderten die Dörfer, verschleppten Frauen und Jünglinge als Sklaven.

Ich berief den Rat der Stammesoberhäupter ein und konnte sie von der Notwendigkeit einer Einigung überzeugen. Die Männer lehrte ich die Kunst des Waffenschmiedens und das Kriegshandwerk. Es dauerte volle drei Jahre, bis es uns gelang, die Wei endgültig aus Izumo zu vertreiben. Doch bevor wir ihrer Schreckensherrschaft ein Ende bereiteten, habe ich viel von ihnen gelernt. Einige ihrer Erfindungen waren von großem Wert, und ich übernahm sie: zum Beispiel die künstliche Bewässerung der Reisfelder, die Bodenheizung und die Keramikglasur.

Weil ich sie von ihrem Feind befreit hatte, ihnen zu Sicherheit und Reichtum verholfen hatte, ernannten mich die Küstenbewohner zu ihrem König. Und weil man vom Hochmoor von Suga aus die Sonne über das Meer steigen und wieder sinken sieht, wählte ich diesen Ort, um eine Festung zu erbauen...«

»Du gabst ihr die Form eines Schiffes«, sagte ich.

Er erwiderte: »Sind es nicht Schiffe, die uns hinführen, wo Meer und Himmel sich vereinigen?« Sein Gesicht verfinsterte sich. Seine Stimme wurde plötzlich hart. »So hat sich also Seine Allerhöchste Majestät in den Kopf gesetzt, sein Reich bis zur Ostküste auszudehnen! Ist ihm Yamatai nicht groß genug? Muß er in seiner Habgier auch noch fremde Grenzen überschreiten? Als die Macht den Frauen vorbehalten war, lebten die Menschen in Frieden mit sich selbst und der Gottheit. Du aber hast die Bräuche geändert und einem Krieger die Macht in die Hände gespielt...«

Ich spürte die Tränen hochsteigen. Er holte tief Atem.

»Verzeih mir«, sagte er bitter. »Welches Recht habe ich, dir Vorwürfe zu machen? Sollte ich vergessen haben, daß Blutschuld auf mir lastet?«

Stumm zog ich ein kleines seidenes Bündel aus meiner Schärpe und legte es ehrfürchtig vor ihm hin. Er rührte sich nicht, doch ich sah die Anspannung in seinem Gesicht. Behutsam schlug ich das Tuch auseinander. Zwei Lederarmbänder kamen zum Vorschein, an denen grüne Achatsteine in Form von Bärenkrallen hingen. Es waren die heiligen »Tama«-Steine, das Symbol des uralten Bundes mit dem Tierreich, die man ihm bei seiner Verbannung abgenommen hatte.

»Trage sie«, sagte ich leise. »Einst gehörten sie dir.«

Er löste die Augen von den schillernden Steinen und senkte den Blick tief in meinen. Schweigend streckte er mir die Hände entgegen. Mit zitternden Fingern streifte ich die Armbänder über seine Handgelenke. Ich sah die Schwielen und Narben auf seiner Haut und erinnerte mich, daß ich es war, die ihm diese Wunden zugefügt hatte.

Endlich riß er den Blick von den Steinen los und sah mich an. »Hab Dank«, sagte er mit rauher Stimme. »Neben dem Sternenschwert stellen die ›Tamas‹ den einzigen Besitz dar, der mir im Leben etwas bedeutete ...«

Die Tränen liefen mir über die Wangen. Eine Weile lang weinte ich still, ohne mich zu rühren. Ich schämte mich nicht, denn ich entsann mich des Tages, da er es war, der geweint hatte.

Später sagte er: »Warum verlangt die Göttin von mir, daß ich meinem Feind zu Hilfe komme? Einst standen wir uns im Zweikampf gegenüber. Meine Waffe sprach zu mir, wie es manchmal vorkam, und bat mich, ihn sein Blut trinken zu lassen. Doch dann bist du dazwischengetreten ...«

Seine Worte klangen in mir noch tiefer als die Worte des Orakels; tiefer, als meine Gedanken folgen wollten. Und da er nicht weitersprach, spürte ich, wie wir uns beide noch fürchteten, die Schatten der Vergangenheit in uns zu wecken...

Nach einer Weile ergriff er wieder das Wort, doch er sprach von etwas anderem. »Als Kundschafter mir deine Ankunft meldeten, da war mir sofort klar, daß Seine sehr nervöse Majestät dich sandte. Ich war fest entschlossen, hart zu bleiben. Doch in der vergangenen Nacht hatte ich einen Traum.«

Etwas in seiner Stimme ließ mich den Kopf heben. Ich wischte mit dem Ärmel über meine feuchten Augen und sah ihn voll an. Ich spürte, wie meine Haut prickelte.

»Was für einen Traum?«

»Ich ging durch einen Wald, als plötzlich ein Bär aus dem Dickicht trat. Er war schwarz und riesengroß und trug auf der Brust das weiße Zeichen der Mondsichel. Er griff mich an, doch ich drang auf ihn ein und enthauptete ihn mit einem einzigen Hieb meines Sternenschwertes. Aus seinem Blut entsprang eine Quelle. Als ich mich über das Wasser neigte, um meine blutigen Hände zu waschen, sah ich eine Muschel in allen Farben des Regenbogens schillern. Ich hob sie behutsam auf, doch sie zerbrach, und zwischen den Scherben schimmerte eine vollkommene, glänzende Perle. Diese Vision war so deutlich, daß ich noch beim Erwachen das Leuchten auf meiner Handfläche zu sehen glaubte...«

»Ich kann die Zeichen nur teilweise deuten«, sagte ich verwirrt. »Aber mir scheint, daß dir die Göttin etwas versprochen hat...«

Er sah mich mit einem kurzen, forschenden Blick an.

»Hast du nie daran gedacht«, fragte ich, »dir eine Gemahlin auszuwählen?«

Jetzt lachte er auf. Das Lachen vertiefte seine Falten und gab ihm gleichzeitig etwas Jungenhaftes. »Frauen gibt es viele in Izumo. Einige unter ihnen sind schön genug, um einen Mann durcheinanderzubringen! Doch ich bin die Einsamkeit gewöhnt. Sie war stets meine Gefährtin...«

Er wandte den Kopf und lauschte: Stimmen und Gelächterter schallten durch die Stille, vom dumpfen Dröhnen der Trommel begleitet.

Susanoo lächelte mich an. »Heute nacht, wenn der Erntemond scheint, werden die Bauern die ›Taimatsu‹, die Fackel zu Ehren der Erdmutter, verbrennen. Komm, sieh dir das Fest an.«

Ich folgte ihm auf die Terrasse. Die Sonne sank. Aus den Büschen erklang das Zwitschern, mit dem Vögel das Nahen des Abends verkünden. Himmel und Meer waren tiefblau. Bald würde sie die Sonne in glühendes Purpur tauchen . . .

Die Trommelschläge wurden lauter. Wachsoldaten beugten sich über die Mauern, als der Zug der Bauern die Wallbrücke überschritt. Die Männer, die die riesige Fackel schleppten, waren völlig erschöpft. Sie schwankten und stolperten. Die Frauen spornten sie durch Gelächter und Zurufe an. Ihr Blumenschmuck war bereits verwelkt, und die Kleider klebten an ihren verschwitzten Körpern. Viele waren betrunken. Diener liefen lachend von allen Seiten herbei, und die Krieger scherzten mit den Mädchen. Ich staunte über die Ungezwungenheit, die selbst in Anwesenheit des Königs herrschte, und erinnerte mich, daß Susanoo schon immer die steifen Umgangsformen und die höfische Redeweise verachtet hatte.

Auf dem letzten Stück kamen die Frauen und Mädchen den Männern zu Hilfe, und alle miteinander trugen die Kultfackel in den Innenhof, wo sie abgeladen wurde. Die Männer ließen sich stöhnend und schweißtriefend zu Boden sinken, und Dienerinnen brachten ihnen heiße Tücher zur Erfrischung. Die Mädchen flüsterten und kicherten. Sie kämmten sich gegenseitig das Haar, flochten ihre Blumenkränze neu.

Nachdem sich die Männer ausgeruht hatten, begannen sie die »Taimatsu« aufzurichten. Zuerst rammten sie ein Bambusgestell in den Boden, hoben unter großer Anstrengung den oberen Teil der Kultfackel an und stützten ihn darauf. Dann befestigten sie vier armdicke Hanftaue und zogen, während andere Männer auf der gegenüberliegenden Seite die Kultfackel mit Bambusstangen hochstemmten.

Die Muskeln der ziehenden Männer spannten sich, sie keuchten, zerrten aus Leibeskräften, während die Mädchen sie mit rhythmischem Händeklatschen anspornten. Die Taue knarrten, als sich die Kultfackel langsam aufrichtete. Plötzlich brach die Menge in Jubel aus: Die Kultfackel schwankte noch leicht, dann stand sie aufrecht. Sie überragte den höchsten Dachfirst. Am unteren Ende hatte sie den Umfang eines mächtigen Baumstammes, nach oben verjüngte sie sich. Der obere Teil stellte das Sonnenrad dar. Er war aus Schilfhalmen und in zwölf Bündel unterteilt, die nach unten gebogen einen großen Strahlenkranz bildeten.

»Die Kultfackel symbolisiert die Verbindung zwischen Himmel und Erde«, erklärte mir Susanoo, während die Männer die Taue im Boden verankerten. »Gleich wird das Feueropfer beginnen. Der Rauch, der in die Luft aufsteigt, wird sich mit dem Regenwasser wieder auf die Felder senken und den neuen Erntezyklus einleiten ...«

Der Himmel färbte sich rot wie die Mohnblumen im Haar der Mädchen. Während sich die Sonne wie glühendes Gold im Meer spiegelte, stieg langsam und riesengroß die Mondscheibe über den Hügeln auf. Und so kam der Augenblick, wo beide, nur für kurze Zeit, auf gleicher Höhe im völligen Gleichgewicht verharrten.

Da erhob sich Susanoo und gab ein Zeichen. Eine alte Bäuerin, vermutlich das Dorfoberhaupt, trat auf ihn zu und verneigte sich. Sie war ganz in Weiß gekleidet, und ihr ebenfalls weißes Stirnband war mit Eichenlaub bekränzt. Sie hielt eine Pechfackel in der Hand. Ein kleines Mädchen folgte ihr. Sie hatte langes Haar, das ihr bis auf die Fersen fiel, und ein weißgeschminktes Gesicht. Das Kind schlug einen Feuerstein. Funken sprühten wie Leuchtkäfer auf. Die Fackel entzündete sich. Und in dem Augenblick, als die alte Frau sie feierlich dem König überreichte, glühten Fackeln wie tausend feurige Blumen in der Dämmerung auf. Sie fluteten über die Treppen, strömten die Mauern entlang, glänzten auf Waffen und Harnischen, huschten und wogten auf dem rotgoldenen Sand.

Die alte Frau geleitete ihren König durch die schweigende Menschenmenge, die um die »Taimatsu« einen dichten Kreis bildete. Dann verneigte sie sich und trat zurück. In tiefer Stille hielt Susanoo die Fackel an die »Taimatsu«. Zuerst stieg nur ein Rauchfaden hoch, wurde dichter, und ein Flämmchen züngelte empor. Das Feuer erfaßte das Stroh, wuchs und loderte auf wie eine gelbe Fahne im Wind. Jubel stieg aus der Menge. Alle, die eine Fackel trugen, warfen sie in die Feuergarben. Die Flamme schlug in die Höhe und warf flackernde Schatten; knackend und zischend barst das Schilf. Rund um die »Taimatsu« stand die Hitze wie eine Wand, und der Wind, der vom Meer kam, zog eine Funkenschlange mit sich. Die Trommel dröhnte. Die Mauern warfen das Echo zurück, der Boden bebte. Tausende Stimmen kreischten, lachten, jubelten. Die Sonne leuchtete ein letztes Mal auf, dann senkte sich Dunkelheit über das Meer, und der Mond stieg in goldener Pracht über den Himmel . . .

Diener hatten Matten und Kissen auf dem Boden ausgebreitet. Die Bauern hatten Süßkartoffeln, Reiskugeln und schwarzen Zucker mitgebracht. Wie es der Brauch verlangte, nahmen wir an ihrem Mahl teil. Krüge mit Reiswein gingen von Hand zu Hand, die Bauern hatten den besten für diesen Abend aufgehoben. Ich saß neben dem König und wunderte mich nicht, daß er mit seinen Lehnsleuten lachte und trank. Die »Taimatsu« loderte hell und brausend: eine Feuersäule, die Erde und Himmel vereinte.

Später, als das Stroh fast gänzlich heruntergebrannt war und die Funken wie tausend feurige Sterne den Sand übersäten, ließ sich der König seine Flöte bringen. Die Trommel schwieg mit einem Mal; Scherze und Gelächter verstummten. Ein kalter Wind, der den Geruch von Asche mit sich trug, strich über mein Gesicht. Meine Gedanken kehrten zu jener Zeit zurück, da man in Yamatai erzählte, Susanoo könne mit seiner Musik Menschen und Tiere betören.

Und wirklich, schon beim ersten Ton rührte sich nichts mehr, nur die Fackeln knisterten. Sein Gesicht war unbeweglich; er schien tief in seinem Innern einer Stimme zu lauschen, die nur er zu hören vermochte und deren Ton er nun in die Sprache der Flöte zu übersetzen versuchte: es war die Stimme des Schmerzes und der Einsamkeit, aber auch die Stimme der Leidenschaft, des ungebeugten Stolzes und der unbegrenzten Freiheit. Ich sah auf seine Augen, auf seine Lippen, auf seine gelenkigen Finger und auf die grünen Tama-Steine, die an seinen Handgelenken im Feuerschein glitzerten. Unaufhaltsam, unablässig stieg die Vergangenheit in mir auf und nahm von mir Besitz . . .

Später. Die Fackeln rauchten und verglommen, doch man zündete keine neuen an. Der Glanz des Mondes war so hell, daß auf seiner Oberfläche silberhelle Wellen zu flimmern schienen. In der bläulichen Luftspiegelung zeichnete sich jeder Schatten messerscharf ab. Wieder ertönten Pfeifen und Händeklatschen, die Trommel hämmerte in immer schnellerem Rhythmus: Die Bauern tanzten. Zofen und Diener hatten sich ihnen zugesellt. Viele waren derart betrunken, daß sie torkelten und unter allgemeinem Gelächter aus dem Takt kamen. Die Tanzenden bildeten zwei Kreise – innen die Frauen, außen die Männer –, stampften mit den Füßen den Takt, schüttelten mit gebogenen Schultern ihr Haar und ahmten mit Armen und Händen das Flügelschlagen sich paarender Vögel nach. Dabei stießen sie kurze, durchdringende Schreie aus, die mit ihrem Echo die Nachtluft in Bewegung zu versetzen schienen. Wenn der Rhythmus wechselte, wirbelten sie herum, tanzten Rücken an Rücken und drehten sich in immer zügelloser werdenden Bewegungen, während sich ihr Rufen und Keuchen zu einem schrillen, vibrierenden Dauerton steigerte. Ihr Tanz übte einen solchen Zauber auf mich aus, daß ich mich überwältigt mitgerissen fühlte. Mein Atem flog; die Trommel dröhnte in meinen Schläfen, die Vogelschreie gingen mir unter die Haut. Ich spürte, wie ich die Beherrschung über meinen Körper verlor, wie meine Schultern zu beben, mein Hals zu vibrieren begann . . .

Susanoo saß schweigend neben mir. Auch er hatte reichlich getrunken, doch man sah es ihm nicht an. Er hatte das Gesicht dem Mond zugewandt, der sich in seinen Augen spiegelte. Sein Körper war regungslos wie ein Salamander auf einem Stein. Er sah wie ein Mann aus, der den Zauber des Feuers, der Erde und des Himmels kennt und dem kein Geheimnis des menschlichen Herzens fremd ist.

Plötzlich löste sich eine der Tänzerinnen aus der Runde und lief auf die Terrasse zu. Ich erkannte das Mädchen mit den Mohnblumen im Haar. Die verwelkten Blüten hingen schlaff über ihre erhitzte Stirn, und das rote Kleid klebte ihr am Körper. Sie erklomm leichtfüßig die Stufen, näherte sich lachend dem König und nahm seine Hand, um ihn in den tanzenden Kreis zu ziehen. Ich sah trotz meiner Benommenheit, wie Höflinge und Würdenträger bestürzte Blicke tauschten. Das Mädchen mußte derart betrunken sein, daß sie nicht mehr wußte, was sie tat!

Doch der König lachte nur. Er erhob sich, ließ seinen schwarzen Umhang von den Schultern gleiten und folgte ihr in den Innenhof, wo sie ihn in den Kreis zog und ihm die Schritte zeigte. Ihre Augen und Zähne blitzten, ihre schmalen Hüften kreisten, und sie schüttelte ihr schweres, blauschwarzes Haar wie ein Gefieder.

Etwas erwachte in mir, worüber ich nicht nachsinnen wollte. Ich winkte Maki, die hinter mir kniete, und sie schenkte mir Reiswein ein. Ich trank, und mein Blut kreiste schnell und rauschend. Edelleute und Hofdamen lehnten die Köpfe aneinander, umarmten sich und reichten einander den Reiswein. Paare verschwanden eng umschlungen in der

Finsternis. Es hatte keinen Sinn, zu denken! Ich schloß die Augen und versuchte die Zeit zu vergessen.

Und dann vernahm ich Schritte vor mir in der Dunkelheit, und ein Schatten fiel auf die Stufen. Ich erkannte ihn, und er reichte mir die Hand. Einen Herzschlag lang stockte mir der Atem, dann spürte ich, wie ich mich langsam aufrichtete, ihm entgegentrat. Unsere Finger berührten sich. Er nahm mich bei der Hand, und ich folgte ihm wie eine Schlafwandlerin. Mit nachtblinden Augen versuchte ich sein Gesicht zu erkennen, während wir in den wogenden, stampfenden Kreis traten, ein Teil dieser Bewegung wurden, eine Welle in der Strömung, die uns weiterzog und in der wir versanken. Die Luft war erfüllt von den Ausdünstungen der kalten Asche, dem verbrannten Pech, dem Duft der Blumen, dem Geruch von Schweiß, Staub und Salz. Ich dachte an das Schicksal, daran, was die Gottheit von den Menschen verlangte und wie weit der Mensch innerhalb seiner Bestimmung frei ist; schließlich dachte ich gar nichts mehr. Das Dröhnen und Stampfen umhüllte uns wie Rauch. Wir verschmolzen mit der Nacht, mit dem Tanz, mit unseren Träumen, wurden eins mit der Erde, dem Himmel und der ewig lebenden Gottheit.

Ich erwachte und glaubte mich auf hoher See. Ein gewaltiges, gleichmäßiges Rauschen erfüllte meine Ohren. Ich spürte das mächtige Heben und Senken des Ozeans, das schwellende Anrollen der hohen Meereswogen. Ich lag auf einer Matte in einem Raum, der nach Tang und Nebel roch. Allmählich kehrte das Gefühl in meinen Körper zurück; meine Schläfen schmerzten, und meine Lippen waren geschwollen. Das Bewußtsein, aus Fleisch und Blut und lebendig zu sein, erfüllte mich ganz. Ich streckte mich und sank dann wieder mit einem Seufzer des Wohlgefühls in mich zusammen.

Nach einer Weile richtete ich mich auf, zog mein Kleid über die Schultern und strich mir das wirre Haar aus dem

Gesicht. Behutsam ließ ich die Schiebetür zur Seite gleiten. Maki, die auf einer Matte im Nebenzimmer schlief, rührte sich nicht, als ich an ihr vorbeiging. Nebelschwaden hüllten die Säulen ein, stauten sich unter den Strohdächern. Es war entsetzlich kalt. Ich ging durch das Tor und trat auf die Terrasse hinaus. Ich hörte die Brandung sehr nahe. Woge um Woge erschütterte den Erdboden. Das einzige, was ich im dichten Nebel erkennen konnte, war, genau mir gegenüber, ein Teil des östlichen Wachturmes. Fröstelnd zog ich mein Gewand zusammen. Tief atmete ich die salzige, feuchte Morgenluft ein. Vor mir, im weißen Dunst, stand regungslos ein Mann. Die Falten seines schwarzen Umhangs waren wie Schwingen um die breiten Schultern gelegt. Langsam trat ich näher. Er wandte leicht den Kopf. Ich senkte die Stirn und berührte flüchtig seinen Arm. Eine Zeitlang sahen wir schweigend in den Nebel: mir schien, als schwebe ich hoch oben in den Wolken.

Plötzlich löste er sich aus seiner Versunkenheit, sah mich an und sagte verwundert: »Aber du frierst ja!«

Er nahm seinen Umhang ab und legte ihn mir um die Schultern. Dankbar hüllte ich mich in die warmen Falten ein und lächelte ihn an. »Es ist schön hier.«

Er nickte. »Ich liebe den Nebel. Jeden Morgen, bei Tagesanbruch, komme ich hierher, um dem Sonnenaufgang zuzusehen. Einst habe ich ein Gedicht verfaßt:

Acht Wolkenschichten ziehen herauf,
Auf daß ich meine Geliebte darin verberge.
Der achtfältige Zaun des Landes Izumo
Umschließt den achtfältigen Wolkenzaun . . .

Die Wellen rauschten, und er hatte leise gesprochen; dennoch verstand ich seine Worte. Und in dem Augenblick, als seine Stimme erlosch, drang ein Lichtstreifen durch die Nebelmasse. Das helle Sonnenlicht durchbrach mit einem Schlag die weißen Schatten. Alles ringsum war in blitzendes, eisklares Feuer getaucht. Nebel und Dämpfe wurden vom Sonnenglanz aufgelöst, fortgedrängt; sie hoben sich, um das grünschillernde, schäumende Meer in strahlender Weite freizugeben . . .

Das Gesicht in Licht getaucht, schloß ich geblendet die Augen. Wind war aufgekommen. Die Falten des schwarzen Umhangs schienen zu atmen, ich spürte auf meiner Haut ihr streichelndes Wallen. Nach einer Weile fragte ich leise: »Was soll ich dem König berichten?«

Ein Schwarm Seeschwalben schoß über die Klippen. Kreischend schwangen sich die Vögel in den Himmel. Er verfolgte sie mit den Augen, und ein tiefer Atemzug hob seine Brust. »Teile ihm mit, ich habe die Stimme meines Schwertes vernommen. Bei Neumond soll das Heer sich zum Aufbruch bereithalten.«

Zweiter Teil

6

Die Vorbereitungen zum Aufbruch waren in vollem Gang. Die Soldaten ölten die Speere, schärften Schwerter und Dolche. Die Stallburschen striegelten die Pferde und putzten das Sattelzeug. Träger waren damit beschäftigt, eine Unmenge Gepäck aufzustapeln. Trinkwasser und Proviant wurden auf die Galeeren geschafft, die startklar im Wasser lagen. Die Schiffe sollten mit einem Teil der Streitkräfte flußaufwärts nach Shirakata segeln, wo das Heer überwintern würde. Der Herrscher indessen wollte das günstige Herbstwetter nutzen, um mit seinen Reitern bis zum Berg Ikoma vorzudringen; in jenes berüchtigte Gebiet, das von den Wald-Ainu bewohnt wurde und schon manchem Stoßtrupp zum Verhängnis geworden war.

Iri war sehr ungeduldig: Ich war schon seit zehn Tagen zurück, und der König von Izumo ließ immer noch auf sich warten. Schließlich hatte Iri die Ratsversammlung einberufen, um den Befehlshabern neue Anordnungen zu erteilen.

Wir saßen unter dem Baldachin, der in der Herbstsonne wie ein goldenes Segel leuchtete. Kana, der Adler, saß auf seiner Stange und zischelte leise. Es war drückend heiß. Die Krieger hatten ihre Rüstungen abgenommen. Iris nackte Brust war mit Öl eingerieben; die weiten Seidenhosen ließen seinen biegsamen Oberkörper, vom Säbelgurt umschlossen, noch schmaler erscheinen. Ich kniete an Iris Seite, in einem luftigen gelben Seidengewand und purpurner Schärpe. Mit einem Fächer verscheuchte ich die Moskitos, die in der flimmernden Luft summten.

Das schlanke Schiff aus Mahagoni und Rohrgeflecht erschien an der Flußbiegung. Es durchschnitt die Wasserfläche mit leisem Rauschen und hinterließ eine glitzernde

Spur. Das weiße Segel mit dem roten Sonnenzeichen spannte sich wie eine vibrierende Flügelhaut.

Die Wachtposten am Ufer hatten es schon eine Zeitlang beobachtet. Die Nachricht, von Mann zu Mann weitergegeben, erreichte das Lager und ließ uns aufhorchen. Ich sah, wie sich die Krieger am Flußufer sammelten.

Ein Offizier eilte herbei, kniete vor dem König nieder und sprach: »Majestät, das Schiff des Herrschers von Izumo wurde soeben gesichtet.«

Die Ratsteilnehmer murmelten und tauschten Blicke. Ich spürte, wie mein Atem sich beschleunigte.

»Wie groß ist sein Geschwader?« fragte der König. Der Offizier errötete. »Verzeiht, Majestät, die Wachen meldeten nur einen einzigen Küstensegler.«

Iri stieß hörbar die Luft aus und lehnte sich zurück. Er war überzeugt gewesen, daß Susanoo mit einem ganzen Heer als Verstärkung eintreffen würde, und war wie vor den Kopf geschlagen. Peinliches Schweigen herrschte. Mir brach der Schweiß aus, und ich bewegte meinen Fächer schneller.

Immer mehr Männer drängten sich jetzt ans Ufer. Die Seeleute lehnten an der Reling. Um die Zelte war eine Palisade aus Bambus und Pfählen errichtet worden; alle, die keinen Platz am Ufer fanden, kletterten dort hinauf, um das Schauspiel nicht zu versäumen.

»Warum stehen sie da und gaffen?« zischte Iri. »Fürwahr, ein mächtiger König, der mit einem einzigen Schiff in den Kampf zieht!«

Niemand rührte sich. Der Wind trug uns das Flüstern der Männer herüber; dann wurde es still. Über die Köpfe der Krieger hinweg sah ich das Schiff herangleiten. Das rote Sonnenemblem schien über den Schilfhalmen zu schweben. Eine Schweißperle rann mir die Schläfe herunter, und ich verbarg das Gesicht hinter dem Fächer.

Das Schiff legte an. Zwei Männer im Lendenschurz, mit dem weißen Stirnband der Küstenbewohner, zogen das

Segel ein. Susanoo, der das Steuer gehalten hatte, half ihnen das Tau zu befestigen und erteilte einige Befehle; erst dann stieg er an Land und bahnte sich einen Weg durch die Schaulustigen, die Schulter an Schulter standen. Er trug Beinkleider und eine Tunika mit weiten Ärmeln, beide aus schlichtem, indigoblauem Leinen. Doch die seidenverschnürte Bronzerüstung war mit Amethysten besetzt und hatte goldene Ketten. Sein weiter, schwarzer Mantel, den er über die rechte Schulter geworfen hatte, schleifte über den Boden. Eine goldene Spange, in Form einer Schlange, hielt ihn zusammen. Lederne Beinschützer vervollständigten seine Ausrüstung. Über der linken Schulter trug er einen Köcher mit Pfeilen, und in der Hand hielt er einen Bogen. Seiner Gewohnheit entsprechend trug er keinen Helm. Ein schlichtes Lederband hielt sein hüftlanges Haar auf dem Rücken zusammen.

Ich spürte, wie Iri die Muskeln straffte. Sein kalter Blick schien sich ins Leere zu verlieren, während der Schatten des angeketteten Adlers über seinen bronzenen Schultern hin und her glitt.

Susanoo schritt gelassen die Reihen der Leibwache entlang und trat vor das königliche Zelt. Er begrüßte Iri mit kühler, vollendeter Höflichkeit. Vor mir jedoch beugte er das Knie, denn als Sonnenpriesterin stand ich höher als jede weltliche Macht. Ich erwiderte mit gesenkten Augen seinen Gruß. Mein Herz schlug so heftig, daß ich glaubte, alle müßten es hören.

Iris Begrüßungsworte kamen förmlich und ausdruckslos über seine Lippen. »Habt Dank, Majestät, daß Ihr meinem Wunsch entgegengekommen seid. Es ist uns eine große Ehre, den Herrscher von Izumo unter uns zu wissen.«

»Ich kam auf Geheiß des Orakels«, entgegnete Susanoo mit seiner dunklen, ruhigen Stimme. »Kein Sterblicher ist berechtigt, sich dem Ruf der Göttin zu entziehen.«

Diese Antwort ließ keinen Zweifel aufkommen: Er hatte nicht den königlichen Befehl, sondern einzig den Willen der Gottheit befolgt.

Iri verstand ihn nur zu gut. Die Haut schien sich über seine Backenknochen zu spannen. Ich spürte seinen glühenden Zorn, als er auf das Kissen an seiner linken Seite wies. »Geruht dort Platz zu nehmen, Majestät, damit Ihr es bequem habt.«

Susanoo ließ sich auf dem Kissen nieder und legte den Bogen auf seine Knie. Iri stellte ihm die Offiziere vor. Die Gesichter der Tungusen waren undurchdringlich, doch Wachsamkeit und Mißtrauen glitzerten in ihren Augen. Der Mann, der mit hochmütiger Gelassenheit ihre Huldigung entgegennahm, hatte einst seine Heimatstadt belagert, den Tod der Sonnenkönigin Himiko verschuldet und den Tungusenherrscher im Zweikampf gedemütigt. Seine Handgelenke trugen noch die Narben der Ketten, mit denen man ihn an die Mauer geschmiedet hatte, und die blauen Merkmale des Bannfluchs zeichneten sich noch immer auf seinem Gesicht ab.

Iri unterrichtete ihn über den geplanten Vormarsch nach Ikoma. »Kein einziger Krieger unserer Erkundungstruppen ist mit heiler Haut davongekommen; das rechtfertigt einen blutigen Vergeltungsschlag. Sobald wir das Gebiet unter Kontrolle gebracht haben, werden wir eine Festung anlegen und die Pässe überwachen.«

Susanoo ließ ihn nicht aus den Augen. Ein eigentümliches Lächeln umspielte seine Lippen. »Den Nachrichten zufolge, die ich erhielt«, sagte er, »haben sich die ›Kotan‹ unter der Führung ihres Königs Azamaro verbündet.«

Die Männer starrten ihn finster an. Wenn das der Wahrheit entsprach, konnte das schlimme Folgen haben. Die verschiedenen Ainu-Stämme hatten seit jeher miteinander im Streit gelegen. Rivalitäten um Jagdgründe oder fischreiche Küstengebiete waren nicht selten Ursache heftiger Fehden. Wenn sich die »Kotan« über ihre stammeseigenen Zwiste hinweggesetzt hatten, um eine gemeinsame Front zu bilden, würden unsere Krieger auf erbitterten Widerstand stoßen.

Yi-Am bewegte gelassen seinen eisernen Kriegsfächer. In seinem Gesicht stand Verachtung. »Die Ainu sind tapfer, darüber besteht kein Zweifel. Aber sie kämpfen wie Wilde, ohne jegliche Disziplin. Der Anblick unseres Reiterheeres wird sie in Panik versetzen.«

Stille. Ich bewegte nervös die Hände. Sicher erinnerte nicht nur ich mich daran, daß die tungusischen Reiter einst die »Sperbermenschen« unter Susanoos Führung in die Flucht geschlagen hatten.

Doch der König von Izumo überhörte scheinbar ungerührt die Anspielung. »Der Meinung bin ich auch. Aber die Ainu werden in den Wäldern angreifen, dort sind sie jedem Reiter überlegen.«

Oba, einer der Befehlshaber, ein Mann mit breitem, pockennarbigem Gesicht, entgegnete grimmig: »Ich halte es für völlig ausgeschlossen, daß eine Horde Eingeborener mit primitiven Waffen ein gut ausgerüstetes Reiterheer aufzuhalten vermag; sei es in der Ebene oder in den Wäldern.«

Susanoo betrachtete ihn mit ausdruckslosem Blick. »Die Ainu glauben, daß die Himmelsgötter das Land, das sie besiedeln, ihren Vorfahren einst zum Geschenk gemacht haben. Deswegen sind sie bereit, für die Verteidigung dieses Landes zu sterben.«

Ein welkes Blatt fiel kreiselnd auf meinen Schoß. Ich dachte an Nagasume Tomi und an die Art, wie er den Tod gefunden hatte...

Iri brach mit eisiger Stimme das Schweigen. »Die Sitten der Ainu scheinen Euch wohl vertraut. Um so mehr sind wir verwundert über das Fernbleiben Eures Heeres. Verstärkungstruppen wären uns sehr willkommen gewesen.«

Susanoo blieb kühl. »Das Orakel betraf mich, nicht meine Krieger. Die beiden da« – er wies auf die Seeleute, die am Flußufer kauerten – »haben den Befehl, das Schiff noch heute nach Izumo zurückzubringen.«

Iri sah ihn an, als würde er ihn am liebsten erschlagen. »Eure Kühnheit ehrt Euch«, sagte er höhnisch.

Susanoo erwiderte seinen Blick: es war wie das erste Aufflackern zweier blankgezogener Klingen. Dann – ohne die Augen abzuwenden – öffnete Susanoo die Lippen. Er lächelte. »Die Vorzeichen besagen, daß Ihr den Sieg davontragen werdet, doch manchmal ist ihre Sprache doppeldeutig. Wenn es der Göttin heute gefällt, mich von meinem Eid zu entbinden, so frage ich nicht lange, warum.« Er wandte sich mir zu und verneigte sich ehrfurchtsvoll. »Erlaubt mir, Priesterin, daß ich jetzt mein Eigentum wieder in Besitz nehme.«

Stumm erwiderte ich seine Verbeugung. Ich gab Etsu und Hana ein Zeichen, und sie entfernten sich. Hinter der Leibwache drängten sich die Soldaten immer dichter um das Königszelt. In der lastenden Stille war nur das Klirren der Waffen, das Scharren unzähliger Füße zu hören. Der Adler auf seiner Stange wippte beunruhigt und sträubte seine Federn.

Die Priesterinnen kamen zurück. Sie breiteten ein Leinentuch vor mir auf der Matte aus. An den vier Ecken stellten sie Räucherschalen auf und zündeten sie mit einem Holzscheit an. Als die Kohle glühte, streuten sie Weihrauchpulver hinein. Etsu, die ältere, reichte mir die heilige Rute aus Weißholz, die ich in alle vier Himmelsrichtungen schwang, um die bösen Geister zu bannen. Erst jetzt holten die Priesterinnen die Truhe mit dem Sternenschwert, stellten sie ehrfurchtsvoll auf das Tuch und glitten auf den Knien zurück.

Nachdem ich meine Hände mit frischem Wasser gereinigt hatte, löste ich die goldenen Schlösser. Es herrschte so tiefes Schweigen, daß bei jeder Bewegung das leise Rascheln meines Gewandes zu vernehmen war. Ich ließ den Deckel zurückgleiten. Die weiße, kühle Seidenhülle schimmerte mir entgegen. Ich hob das Schwert mit beiden Händen auf und schlug vorsichtig den Stoff auseinander. Das glänzende Metall blendete mich: ich spürte, wie seine Kraft erwachte.

Ich konnte die Waffe kaum halten, meine Arme schmerzten unter dem drückenden Gewicht. Ich grub die Zähne in die Unterlippe. Wie betäubt wandte ich mich Susanoo zu, reichte ihm die Waffe. Stumm blickten wir uns an. In den tiefschwarzen Augen, die ohne zu blinzeln das Sonnenlicht auffingen, leuchtete mein Spiegelbild wie ein kleiner, heller Funke. Ich fühlte, wie die Vergangenheit ausgelöscht wurde, wie unsere Seelen für ewig miteinander verschmolzen.

Ich verneigte mich; legte ehrfurchtsvoll die Waffe in seine Hände. Die dunkel schimmernden Augen ließen mich nicht los. Erst als ich langsam zurück auf die Fersen glitt, löste er den Blick und betrachtete das Schwert. Die sieben Klingen blinkten wie kalte, blaue Flammen, und doch war Wärme, war Leben in ihnen: Die Waffe hatte ihren Herrn wiedererkannt!

Langsam richtete Susanoo sich auf und blickte über die Köpfe der Männer hinweg. In der atemlosen Stille hob er das Schwert, damit alle es sehen konnten. Ein Raunen ging durch die Menge: Wie in einer einzigen Bewegung warfen sich die Männer zu Boden, verharrten regungslos, die Gesichter im Staub. Die Leibwächter standen wie erstarrt, und wie aus einem inneren Zwang heraus beugten die Offiziere die Köpfe.

Nur der König saß aufrecht. Hochmütig, schön und fast regungslos; doch seine Hand zuckte, umfaßte den Säbelgriff. Der Adler über ihm stieß ein Krächzen aus; er schüttelte die aufgeplusterten Halsfedern und schlug erregt mit den Flügeln. Seine Krallen scharrten an der Stange. Unablässig, unbewußt, bewegten sich Iris Finger: Seine Nägel streiften das Metall mit dem gleichen kratzenden Geräusch. Ich sah den Haß in seinen Augen und schauderte.

7

Der Adler schwang sich in die Höhe, schraubte sich in immer größeren Kreisen dem Sonnenlicht entgegen. Mit zusammengekniffenen Augen sahen wir zum Himmel hinauf, beobachteten den Vogel, der höher und höher stieg. Eine Weile ließ er sich von der Luftströmung tragen, dann schwebte er unbeweglich wie ein dunkler Punkt im kalten, unendlichen Blau.

Die Krieger flüsterten miteinander. Ich vernahm Iris amüsiertes Glucksen. »Sie halten sich da unten in der Schlucht verborgen. Mit meinem geflügelten Kundschafter haben sie allerdings nicht gerechnet . . .«

Susanoo schaute zu den steilen, moosbedeckten Felsen hinauf und sagte leise und sarkastisch: »Um dieser Falle zu entkommen, könnten auch uns Flügel von Nutzen sein!«

Er ritt einen riesigen, schwarzen Hengst, dessen Nüstern sich wie die eines Drachen blähten. Das Tier hieß Kuro-Uma, »Schwarzes Pferd«. Es trug einen versilberten Schuppenharnisch, Bernsteinamulette schmückten seine Mähne. Sein Schweif war hochgebunden, um dem Tier volle Bewegungsfreiheit zu geben.

Pferde waren in unserem Inselreich unbekannt gewesen. Die Tungusen hatten diese Reittiere mitgebracht. Das erste Pferd, das auf unsere Insel gekommen war, war ein Geschenk des Königs von Nimana, Iris Vater, an meine Mutter gewesen. Dieses Tier hatte Susanoo nicht bezwingen können. Um seine Ehre zu retten, hatte er das Tier getötet. Die unheilvolle Verkettung der Ereignisse, die darauf folgten, führten zum Tod meiner Mutter und zu Susanoos Verbannung. All dies geschah vor langer Zeit, und wir hatten seitdem kein Wort mehr darüber verloren. Nur ich allein wußte, warum Susanoo den ungestümsten und gefährlichsten Hengst für sich ausgewählt hatte. Kuro-Uma hatte mit einem Hufschlag einem Mann den Schädel gespalten und einem Stallburschen mit seinen Zähnen die Hand fast vom

Arm getrennt. Die Tungusen weigerten sich, ihn zu reiten. Sie sagten, er sei von bösen Geistern besessen, und verwendeten ihn nur noch als Zucht- und Leithengst. Susanoo hatte mit viel Mühe und Geduld das Vertrauen des Pferdes gewonnen, und Kuro-Uma hatte ihm rückhaltlos sein wildes Herz geschenkt. Mehr als alles andere hatte ihm diese Leistung den Respekt der Krieger eingetragen. Sie konnten sich den plötzlichen Gehorsam des Pferdes nicht erklären. Es hieß, der König von Izumo stünde im Bunde mit den Mächten des Jenseits.

Iri reagierte auf Susanoos Bemerkung mit seinem üblichen Wolfsgrinsen. »Sie werden diese Falle so klug und geschickt angelegt haben, daß sie ihr eigenes Grab wird . . .«

Er riß sein Pferd herum und rief einen Befehl, den die Offiziere weitergaben. Iri hatte das Heer in Sichelform aufgestellt, damit sie den Feind einkreisen konnten. Die Reiter schlossen sich enger zusammen. Dann stürmten sie vorwärts, jagten zwischen den Bäumen hindurch, der Schlucht entgegen. Iri ritt mit seinen Offizieren in der Mitte, Susanoo führte den rechten Flügel des Heeres an, Yi-Am den linken. Ich ritt neben Kuchiko an der Spitze meiner Leibwache.

Der Tag war klar, die Sonnenstrahlen schimmerten durch das goldene Laub. Ich sah die Schatten der Reiter wie riesige schwarze Vögel über den Waldboden gleiten. Unter meinem Harnisch lief mir der Schweiß den Rücken herunter. Die Tungusen jagten an mir vorbei, Welle auf Welle. Nur mit einem Fuß im Steigbügel, schmiegten sie den Körper eng an die Flanken der Pferde und spornten sie mit dem wilden, gellenden Schrei an, mit dem die Steppenreiter schon seit Jahrhunderten ihre Streitrösser antrieben. Dort, wo die Schlucht in einen Talkessel mündete, stürzte ein Wasserfall aus dem Gestein.

Die Männer stürmten an den schillernden Kaskaden vorbei, als mit einem Mal ein Donnergrollen wie bei einem aufziehenden Gewitter zu hören war. Es rauschte in der Luft, und plötzlich schien sich der ganze Berg in Bewegung zu setzen. Eine Steinlawine wälzte sich den Hang hinab, und als ich aufschaute, sah ich mehrere Gestalten vor dem blauen Himmel. Der ganze Berg bebte. Das Grollen wurde ohrenbetäubend: riesige Steinbrocken wälzten sich von Absatz zu Absatz, tauchten im Dickicht unter und näherten sich mit rasender Geschwindigkeit der Schlucht. Wurzeln wurden aus der Erde gerissen. Bäume knickten wie Strohhalme und stürzten in die Tiefe.

In panischer Verwirrung flutete das Heer zurück. Die Reiter rissen ihre Pferde im vollen Galopp herum, drängten und schoben sich, um der Steinlawine zu entrinnen. Ich sah Iri mit verzerrtem Gesicht Befehle brüllen, aber kein Wort drang an meine Ohren. Und dann hatte die Gesteinsmasse den Talgrund erreicht. Die Reiter, die in der Schlucht gefangen waren, konnten nicht mehr entkommen. Felsbrocken und Geröll begruben schreiende Männer und wiehernde Pferde.

Ich hielt mit aller Kraft mein Reittier zurück. Mir drehte sich der Magen um. Shiro-Uma stampfte und schlug aus. Ich wurde fast aus dem Sattel geworfen. Nur unter Aufbietung aller Kräfte gelang es mir, das ängstliche Tier zu bändigen. Steine prasselten immer noch den Hang hinab, Zweige und Blätter regneten auf uns nieder.

Dann Stille. Eine Stille, die nur vom Wiehern der Pferde, vom Schreien und Stöhnen der Verwundeten durchbrochen wurde. Ich sah, wie sich cin Pferd mit gebrochenem Rückgrat im Geröll wälzte: sein Reiter war durch einen Steinblock erschlagen worden.

Dann, mit einem Mal, ertönte ein gespenstisches, langgezogenenes Geheul, wild wie der Nordwind, wenn er über die Wälder jagt, klagend wie das Jammern von Wölfen bei Vollmond. Und als das Heulen erstarb, brachen die Ainu, die am Berghang die Steinlawine ausgelöst hatten, hinter jedem Felsen, hinter jedem Baum, hinter jedem Busch hervor. An die tausend mußten es sein, mit Pfeil und Bogen, Wurfspießen, Kurzschwertern und sichelförmigen Dolchen bewaffnet. Ich wußte, daß jeder Pfeil, jeder Speer mit einem Siegel versehen war, das zu erkennen gab, welchem »Kotan« der Krieger angehörte. Ich sah ihre Augen, ihre Gesichter, und mir kamen Susanoos Worte über ihre Bereitschaft zu sterben in den Sinn.

Mein Blick fiel auf Iri. Seine funkelnden Augen, das höhnische Grinsen auf seinem Gesicht sagten mir, daß er den Angriff erwartet, ja bewußt provoziert hatte. Seine Beine umklammerten sein Reittier, und der Fuchs mit seinem vergoldeten Harnisch, seiner flatternden Mähne und den schaumbedeckten Nüstern richtete sich schnaubend auf. Schon hatte Iri die Zügel gelockert. Das Pferd fiel auf die Vorderhufe zurück. Iri wandte es auf der Hinterhand, reckte sein Schwert in die Höhe und stieß den gellenden Schlachtruf der Tungusen aus. Tausendfach kam die Antwort. Der Waldboden erzitterte: Die Steppenreiter brausten durch die Schlucht, jagten über Schutt und Steine hinweg, durchbrachen die feindliche Linie, wie die scharfen Kiele der Galeeren sich den Weg durch dunkle Meereswogen bahnen. Ungeachtet der schwirrenden Speere, der Pfeile, die wie nervöse Finger die Luft durchzuckten, raste der erste Trupp der Tungusen in den Talkessel hinunter. Die Ainu ließen mit Steinen beschwerte Seile kreisen, in denen sich die Hufe der Streitrösser verfingen. Während die Pferde wiehernd und um sich tretend zu Boden stürzten, sprengten andere Reiter unaufhaltsam über sie hinweg. Iri bohrte seinem Fuchs die Sporen in die Flanken. Von Reitern mit roten und gelben Standarten flankiert, führte der König das Heer zum Angriff.

Die Ainu spannten ihre kurzen Bogen mit großer Behendigkeit. Kaum hatten sie einen Pfeil abgeschossen, waren sie schon wieder im Dickicht untergetaucht. Dahin konnten ihnen die Reiter nicht folgen.

Susanoo hatte seinen Stoßtrupp weit über den Berghang

ausschwärmen lassen. Auf der gegenüberliegenden Seite bog Yi-Am mit seinen Kriegern im weiten Halbkreis ab und dehnte seine Angriffslinie taleinwärts nach Osten aus.

Ich atmete den schweren Geruch von Staub, Pferdeschweiß, von eingeöltem Holz und blutgetränktem Leder. In meinen Ohren dröhnten das Klirren der Waffen, die herausfordernden Schlachtrufe der Tungusen. Die Sonne stand senkrecht über dem Talkessel. Ihr Licht spiegelte sich in den Harnischen, funkelte auf den zahllosen Speerspitzen, Messern und Schwertern. Gefolgt von meiner Leibwache, jagte ich mein Pferd durch den Wildbach. Das Wasser spritzte unter den Hufen auf. Der Gestank schlug mir wie eine erstickende Wand entgegen: Ich merkte, daß ich mich mitten im Kampfgetümmel befand. Dicht vor mir brachen fünfzig oder sechzig Ainu aus dem Unterholz. Noch nie hatte ich Menschen so schnell laufen, sich so geschmeidig bewegen sehen. Mein Instinkt trieb mich zum Handeln: Ich riß einen Pfeil aus dem Köcher, spannte den Bogen in Augenhöhe und schoß. Ich sah nicht, wen ich getroffen hatte, denn im selben Augenblick hatten meine Leibwächter die Pfeile an die Sehnen gelegt. Mehr als ein Dutzend Ainu fielen, die anderen stürmten weiter. Sie kamen direkt auf mich zu, ihre Gesichter waren haßerfüllt, erbarmungslos. Ein Speer flog an meiner Schulter vorbei.

Ich legte einen zweiten Pfeil an die Bogensehne und schoß. Ich traf eine Frau mitten in die Brust. Sie ließ ihr Schwert fallen, griff nach dem herausragenden Schaft. Ich sah das bläuliche Weiß ihrer Augen, ihre runden Wangenknochen, ihre Lippen von der Farbe der Wildkirschen; ihr kurzes Gewand aus Grasfasern färbte sich dunkel. Dann schwankte sie und stürzte lautlos ins Farnkraut. Schwarzer Nebel senkte sich vor meine Augen. Meine Knie wurden weich, und kalter Schweiß brach mir aus. Ich klammerte mich am Sattelknopf fest. Wirre, verzweifelte Fragen drängten sich mir auf: Warum bin ich hier? Was habe ich getan? Wem nützt dieser Krieg?

Kuchikos kühle, beherrschte Stimme drang durch das Rauschen an meine Ohren. »Gebt acht auf die, die liegen bleiben! Einige sind nur verwundet und stellen sich tot. Schießt auf jeden Ainu, den ihr seht – ob er sich bewegt oder nicht!« Er war vom Pferd gesprungen und setzte seinen Rat gefühllos in die Tat um.

Mein Kopf wurde wieder klar. Scham und das schlechte Gewissen hörten auf, mir die Kehle zu würgen. Ich war mitten im Kampfgewühl, und Gewissensbisse waren keine Waffen, mit denen ich mein Leben verteidigen konnte. Die Frau hätte nicht gezögert, mich niederzustechen ... wenn ich ihr nicht zuvorgekommen wäre.

Ein leichtes Sirren, ein klirrendes Geräusch. Ein Pfeil war durch den Harnisch in Shiro-Umas Flanke gedrungen. Das Tier wich zur Seite, schüttelte wie wild seinen Panzer. Wiehernd bäumte es sich auf. Ich wurde aus dem Sattel geschleudert; die Erde kam mir entgegen. Der Bogen fiel mir aus der Hand, die Kinnkette meines Helmes zerriß, und mein Kopf schlug gegen einen Stein. Halb betäubt lag ich da, als ein Schatten über mir den Himmel verdunkelte. Ich sah ein bärtiges, haßverzehrtes Gesicht, flackernde Augen. Ein Speer blitzte auf. Dann, ein dumpfer Stoß, ein Schrei. Ich fühlte, wie Hände mich packten, mich aufrichteten. Schmerz spürte ich nicht, nur eine seltsame Leere im Kopf. Benommen starrte ich auf den Ainu, der die Reihen meiner Leibwächter durchbrochen hatte. Blut sickerte aus seiner klaffenden Wunde an der Schulter. Neben ihm lag, die Augen weit geöffnet und schwer atmend, Kuchiko. Der Wurfspieß, den er mit seinem Körper aufgefangen hatte, war ihm zwischen der Verschnürung seines Harnischs tief in die Brust gedrungen.

Ich stand auf schwankenden Füßen und blickte auf ihn herunter. Worte kreisten in meinem Kopf, aber ich brachte keinen Ton über die Lippen. Ich konnte nicht glauben, daß er sterben würde. Ich kannte ihn schon so lange. Er atmete stoßweise. Sein dunkles Gesicht mit den tiefen Falten war merkwürdig eingefallen. Ich wußte, daß man den Speer herausziehen mußte, um einen raschen Tod herbeizuführen, aber ich konnte mich nicht entschließen, den Befehl zu geben. Endlich vermochte ich zu sprechen. Ich stammelte: »Euch verdanke ich mein Leben.«

Er erwiderte stolz: »War es nicht meine Pflicht?«

Der Boden vibrierte: Susanoos Truppen stürmten von der Ostseite auf die Schlucht zu. Ich sah Kuro-Uma durch das Unterholz brechen. Seine Nüstern waren schaumweiß, und die schweißbedeckten Flanken bebten unter dem Harnisch. Susanoo riß die Zügel zurück und glitt aus dem Sattel. Mit einem Blick vergewisserte er sich, daß ich unverletzt war, und beugte sich dann über Kuchiko. Die beiden Männer blickten sich an.

Kuchiko betastete den Speer, der aus seiner Wunde ragte. Kaum hörbar kamen die Worte über seine Lippen: »Majestät ... ich bitte Euch ... zieht den Speer jetzt heraus!«

Er schloß die Augen und rief leise den Namen der Göttin.

Susanoo preßte die Kiefer zusammen. Dann packte er den Speer und zog mit aller Kraft. Ein Blutstrom ergoß sich aus der Wunde. Kuchiko zuckte zusammen, und sein Kopf fiel zur Seite. Er war sofort tot.

Susanoos Gesicht war starr, seine Augen blickten ins Leere. Ich spürte, daß er weit weg von hier war und auf den Spuren der Erinnerung wanderte. Vielleicht entsann er sich einer Stadt, die ins Meer versunken war, einer Festung, die Schlamm und Asche verwüstet hatten. Vielleicht sah er Kuchiko hoch aufgerichtet und schweigend hinter einer Frau stehen, deren rot gepudertes Haar in der Sonne schimmerte. Ihr Antlitz war weiß und schön und unerbittlich, und sie hielt einen Säbel in der Hand ...

Langsam wandte er sich ab. Sein Blick kehrte in die Gegenwart zurück, richtete sich auf die Männer der Leibgarde, deren Gesichter Zorn und Schmerz widerspiegelten. Dann sah er mich an, sah die Tränen, die mir über die Wangen liefen, und seine Stimme klang seltsam rauh.

»Weine nicht. Der Tod ist nur eine vorüberziehende Wolke, die wir auf unserer Reise zu der Sonnengöttin durchschreiten müssen.«

Wir standen schweigend, als abermals das gespenstische, unglaublich traurige Heulen aus den Tiefen der Wälder laut wurde.

»Sie greifen erneut an ...«, sagte ich erschauernd.

»Ja«, sagte er und sah an mir vorbei in das Blau des Himmels.

Ich folgte seinem Blick. Oben auf dem Felsgrat, in schwindelerregender Höhe, stand im Gegenlicht eine einzelne, riesenhafte Gestalt. Ihre Umrisse verschwammen im regenbogenfarbigen Schillern der Sonne. Sie hob den Arm und gab ein Signal. Das Heulen verstummte. Einige Atemzüge lang war es grabesstill, dann brach der zweite Angriff der Ainu los. Die halbnackten Körper glitten blitzschnell und geschmeidig die Felsen hinunter, verschwanden im Unterholz und im tiefen Gras, das stellenweise den Talboden bedeckte.

Der erste Ansturm traf die Reiterflanke unter Yi-Ams Befehl. In der Ebene wären die Tungusen mühelos Herr der Lage geworden, doch in dem engen Tal konnte sich die Schlagkraft des Heeres nur schlecht entfalten. Die Pferde rutschten auf den moosbedeckten Steinen aus, die Sträucher versperrten die Sicht, und die Soldaten behinderten sich gegenseitig. Unter dem mörderischen Speer- und Pfeilregen kippten die Männer reihenweise aus dem Sattel.

Von der anderen Talseite her hatte Iri den verzweifelten Kampf der linken Flanke beobachtet und sandte eine Einheit zur Verstärkung. Die Abteilung brauste an der Felswand vorbei, Yi-Am zu Hilfe. Alles hatte sich in wenigen Augenblicken abgespielt, doch schon fanden sie die ganze Strecke mit Toten und Verwundeten besät – Reiter und Pferde.

Susanoo stieß zischend den Atem aus. Seine Augen begannen so heiß zu leuchten, daß es mir den Atem verschlug. Er gab einen Befehl. Mit erhobenem Schild bildete die Leibgarde um mich und den Toten einen stählernen Wall. Zwischen uns und Yi-Ams Kriegern lag ein offenes Gelände von etwa zweihundert Schritten. Susanoo umfaßte mit beiden Händen den Griff des Sternenschwertes und bahnte sich einen Weg durch das hüfthohe Gras. Die Ainu glitten geduckt auf ihn zu und versuchten ihn zu umkreisen. Sie kämpften mit ihren Kurzschwertern, Dolchen, Streitäxten. Susanoo hieb auf sie ein, machte Ausfälle, schwächte mit seiner Taktik ihre Kräfte. Das Schwert mit den sieben Klingen schien wie eine Feuergarbe über den Gräsern zu schweben. Ich hörte den dumpfen Ton, wenn die Waffe traf.

Die Ainu kämpften um jeden Fußbreit. Jedesmal, wenn ein Mann blutüberströmt zusammenbrach, nahm ein anderer seinen Platz ein. Der Wind trug mir das Stöhnen der Verwundeten zu, das Klirren der Schläge.

Susanoo setzte unerbittlich seinen Weg fort. Das Sternenschwert schwang hin und her, blinkte hell auf in der Sonne. Pfeile kamen von allen Seiten, doch sie schienen ihm nichts anhaben zu können. Einer bohrte sich in seinen Harnisch; er riß ihn heraus, schleuderte ihn wütend von sich. Sein Haar wogte um seine Hüften; der Wind, der durch das Tal wehte, blähte die Falten seines Mantels wie Riesenschwingen.

Dann spürte ich unvermittelt, wie der feindliche Ansturm nachließ. Das Kampfgeschrei erstarb. In kürzester Zeit hatte Susanoo mit dem Sternenschwert das erreicht, was einem ganzen Reiterheer nicht gelungen war: Die Ainu gaben den Kampf auf und stürmten in wildem Durcheinander ins Dickicht. Sie stützten ihre Verwundeten und schleppten die Toten mit sich. Sie ließen ihre Verstorbenen nie auf dem Schlachtfeld liegen. Diese Gewohnheit mußte mit ihren Bestattungsriten zusammenhängen. Genaueres darüber wußte man nicht, außer daß es sich um etwas besonders Abstoßendes handelte.

Schrilles, angsterfülltes Wiehern zerriß die lastende Stille. Ich sah Shiro-Uma am ganzen Körper zittern. Die Stute war nur leicht verwundet worden. Mit Hilfe eines Stallburschen hatte ich sie eingefangen und ihr den Pfeil aus dem Harnisch gezogen. Ich legte meine linke Hand über ihre Augen und strich mit der rechten über ihre Nüstern, doch das Tier beruhigte sich nicht, sondern bebte noch stärker.

Die Unruhe übertrug sich in Windeseile auf alle anderen Pferde. Sie warfen den Kopf hin und her, blähten die Nüstern und sogen keuchend die Luft ein. Kuro-Uma, Susanoos schwarzer Hengst, schlug wie besessen aus. Sein Fell dampfte, und gelber Speichel tropfte aus seinen Lefzen.

Keinem Tungusen war die Warnung entgangen: Die Tiere witterten Gefahr! Die Krieger spähten in alle Richtungen; ihre schmalen Augen suchten die Felswände ab, durchforschten aufmerksam das Dickicht. Und mit einem Mal wußte ich, woher die Bedrohung kam. Aus dem dichten Tannenwald jenseits der Grasebene löste sich langsam eine Gestalt.

Das Blut stockte mir in den Adern: Ich erkannte die riesenhafte schwarze Erscheinung wieder, die nicht lange zuvor auf dem Felsen das Zeichen zum Angriff gegeben hatte. Jetzt konnte ich auch den scharfen, beißenden Geruch wahrnehmen, der die Pferde so beunruhigt hatte. Das war kein Mensch, der so roch: es war ein Bär! Hochaufgerichtet und schwerfällig kam er näher. Am Hals hatte er einen sichelförmigen Kranz von weißem Fell. Und er hielt ein Schwert in der Tatze...

Entsetzen spiegelte sich auf den Gesichtern der Tungusen. Sie rissen an den Zügeln, gruben ihre Knie in die Flanken der scheuenden Tiere. Ihre Kühnheit und Angriffslust hatte sich beim Anblick dieses Ungeheuers in panische Angst verwandelt, deren Ursprung in grauen Vorzeiten zu suchen war. Auch ich spürte, wie mir der Schweiß aus allen Poren brach. Mit zitternden Händen umklammerte ich den Bogen, und ich wünschte mir verzweifelt, Kuchiko wäre noch am Leben...

Susanoo war stehengeblieben. Einige Atemzüge lang beobachtete er den Bären mit eigentümlicher Schärfe. Plötzlich zuckte ein Lächeln über sein Gesicht. Es war nur ein kurzes Aufglänzen der weißen Zähne hinter den Lippen. Dann setzte er sich in Bewegung. Schritt langsam und mit erhobenem Schwert auf das Ungeheuer zu . . .

Etwas Unfaßbares geschah: Das aufgerichtete Tier griff nach seinem eigenen Kopf, schleuderte ihn mit heftiger Bewegung von sich. Und wir alle sahen, daß es in Wirklichkeit ein Mann war, der, eingehüllt in das Fell eines schwarzen Bären, im Schatten der Bäume stand.

8

Der Mann kam langsam näher; wir sahen ihn deutlicher. Er war hochgewachsen, kräftig. Seine Haut war hell wie Elfenbein. Sein Haar, das in üppigen Wellen über seine Schultern fiel, war von wunderbarem Silbergrau. Ein gelockter Bart verdeckte Kinn und Hals. Er trug eine rote, grob gewobene Tunika und weiße Beinkleider. Die Waffe in seiner Hand war ein »Tanneku«, ein Langschwert. Von der Kette aus Bärenkrallen um seinen Hals bis zu den bestickten Beinschützern aus weichem Hirschleder strahlte seine ganze Gestalt die Erhabenheit eines Fürsten der Wildnis aus.

Der scharfe Geruch des Bärenfelles, das noch immer über seinen Schultern hing, machte die Pferde fast wild vor Angst. Wir konnten sie kaum halten.

Jetzt blieb der Mann unter einem Baum stehen. Mit unbewegtem Gesicht sah er Iri auf sich zureiten. Von Offizieren umgeben, trieb der Herrscher seinen fuchsroten Hengst bis an den Saum des Grasmeeres.

»Wer bist du?« Vom Wind getragen hallte seine schneidende Stimme durch die Stille.

»Und wer bist du?« erwiderte unerschüttert der Mann.

Dem äußeren Eindruck nach hätte man eine ganz andere Stimme erwartet als die, die wir jetzt hörten: sie war sanft wie die Stimme einer Frau.

Eine drohende Bewegung lief durch die Reihen der Offiziere. Ihre Schilde blitzten blutrot in der Sonne. Iris Augen ruhten auf dem Antlitz des Mannes. Es war ein eckiges Gesicht, mit ungewöhnlich buschigen Brauen, vorstehenden Backenknochen und hoher, stolzer Stirn. Die Lippen waren leicht vorgewölbt, und die großen Augen waren von Ringen umgeben, dunkel wie Rauch.

Die Standarten über Iris Haupt flatterten, bunten Segeln gleich. Die Schuppen seiner Rüstung glitzerten, als er Atem holte und seine Stimme sich feierlich erhob. »Ich bin Sujin, der allermächtigste Herrscher, Nachkomme der Göttin Amaterasu. Ich schieße meinen Pfeil nach Osten, der aufgehenden Sonne entgegen, und lösche die Schatten aus, die meinen Weg verdunkeln.«

Der Mann rührte sich nicht. Die Blätter über ihm bewegten sich im Wind, und das schwarze Bärenfell schien mit dem Baumstamm verwachsen, an dem er lehnte. »Ich bin Azamaro, König der Aiu-Utari, der Kinder des ›himmlischen Bären‹«, sagte er mit seiner klaren, ruhigen Stimme. Er trat aus dem Schatten. Seine rauchgrauen Augen waren auf Susanoo gerichtet und ließen von ihm nicht ab.

»Wir fürchten uns nicht vor euren schwimmenden Häusern, die das Meer überqueren, noch vor euren geharnischten Hirschen. Doch wir fürchten uns vor dem Schwert mit den sieben Klingen, denn es birgt die Kräfte des Himmels in sich.«

»Ich schmiedete es einst im Sternenfeuer«, antwortete Susanoo. Seine Worte klangen ebenso gelassen wie die des Ainu-Königs und nicht minder sanft.

Azamaro trat näher an ihn heran. »Ich bin gekommen, um seinen Zauber zu brechen. Ich werde mit dir kämpfen.«

»Das wird dein Tod sein«, erwiderte Susanoo.

In der Lichtung herrschte tiefe Stille, aller Augen waren

auf die beiden Männer gerichtet. Doch die sahen sich an, als hätten sie die Gegenwart der anderen vergessen. Ich hatte das Gefühl, sie verstanden sich, ja sie hätten sich sogar verstanden, wenn der Ainu-König sich nicht unserer Sprache bedient hätte.

»Ich erblickte das magische Schwert im Traum«, fuhr Azamaro mit seiner seltsam weichen Stimme fort. »Es drang in meine Lungen, und ich spürte das warme Blut aus meinem Körper strömen. Doch ich erlag nicht dieser Wunde, wenngleich die heiligen Vögel meinen Leichnam in den Schoß der Götter zurückbrachten. Ich erlangte durch dich Unsterblichkeit auf Erden.« Er atmete tief, und auf seinem Gesicht spiegelte sich Ratlosigkeit. »Ich kann diesen Traum nicht erklären, dennoch muß er einen Sinn haben. So laß uns kämpfen. Ich fürchte dein Schwert nicht.«

»Du kennst unsere Riten, doch wir kennen nicht die deinen«, sagte Susanoo. »Solltest du sterben, wie können wir deinen Leichnam ehren?«

Azamaro schaute ihm gerade in die Augen. Er antwortete ruhig. »Gib mir dein Wort, daß du meinen Leichnam jenen übergeben wirst, die kommen werden, ihn zu holen.«

Durch die Reihen der Krieger ging ein Raunen. Mir kamen die Gerüchte über die unheimlichen Bestattungsriten der Ainu in den Sinn, und ich fühlte, wie mir eine Gänsehaut über den Rücken lief.

Susanoo nickte. »Ich gebe dir mein Wort.«

Mit einer Handbewegung gebot er seinen Kriegern, zurückzutreten. Ein Teil der Reiter formierte sich im Halbkreis um die beiden Gegner, die anderen zogen sich zum Waldrand zurück. Die Ainu hielten sich im Unterholz verborgen – sehr viele und sehr nahe –, doch kein einziger kam zum Vorschein.

Langsam schritt Susanoo dem König entgegen. Sein nachtschwarzes Haar flatterte im Wind.

»Unser Kampf soll ehrenhaft sein«, sagte Azamaro. Er

deutete auf sein Langschwert. »Wisse, daß die Klinge mit Gift getränkt ist.«

»Hab Dank für deinen Freimut.« In Susanoos Stimme klang sowohl Gelassenheit mit als auch jenes Verständnis, das die Haltung der beiden Männer von Anfang an gekennzeichnet hatte.

Mein Blick schweifte zu Iri hinüber; ich sah, daß er lächelte. Die Geschehnisse entwickelten sich immer mehr zu seinen Gunsten. Wenn es Susanoo gelang, den Ainu-König zu töten, war die Schlacht entschieden. Das Volk des »himmlischen Bären« würde lange brauchen, bis es sich von diesem Schlag erholt hätte. Siegte Azamaro, war Iri einen allzu eigenwilligen Verbündeten los, und die Zauberkraft des Schwertes war für immer gebrochen . . .

Die goldene Sonnenscheibe funkelte hinter den Bäumen. Warmer, herber Duft stieg aus dem Gras, während sich die Gegner mit vorsichtigen, abwartenden Schritten im Kreis bewegten. Jeder versuchte den anderen dorthin zu drängen, wo ihm die Sonne ins Gesicht fiel. Die beiden Männer waren von fast gleicher Größe. Trotz seines weißen Haares war Azamaro flink und geschmeidig wie eine Wildkatze. Er hielt sein Langschwert in einer Art, die uns fremd war: Er benutzte die Spitze zum Angriff, so wie wir einen Dolch handhaben würden.

Susanoo hatte diese Eigenart sofort erkannt. Jetzt schnellte er vor und schlug zu; die sieben Klingen blitzten. Azamaro fing den Stoß mit seinem Schild auf und brachte sich geschickt in Deckung. Wieder umkreisten sich die beiden Männer. Susanoos Blick ließ die Augen seines Gegners nicht los. Er bot ihm die Flanke, sah, wie die Pupillen des anderen sich weiteten, und machte eine blitzschnelle Seitendrehung. Das Langschwert sauste haarscharf an seinem Kopf vorbei. Susanoo schlug mit voller Wucht zurück, doch Azamaro hielt ihm seinen Schild entgegen. Mit dumpfem Beben durchdrang die Klinge das Leder. Der Aufprall drehte Azamaro fast den Arm aus dem Gelenk. Als

Susanoo die Waffe mit aller Kraft herauszog, riß er den Schild mit, der in hohem Bogen ins Gras fiel.

Susanoo trat drei Schritte zurück. Mit einer knappen Schwertbewegung forderte er seinen Gegner auf, den Schild wieder an sich zu nehmen. Azamaro ergriff ihn mit einem Sprung und ging erneut zum Angriff über.

In der drückenden Stille klirrten die Schwerter aufeinander. Ich sah, wie Iri sich auf seinem Sattel leicht vornüberbeugte. Sein Lächeln war zu einem eigentümlichen Grinsen erstarrt, das die weißen, ebenmäßigen Zähne entblößte.

Die Sonne war tiefer gesunken. Sie hatte den Rand der Berge erreicht und glühte wie eine Feuersichel über dunklen Felsen.

Wieder bewegten sich die beiden Männer im Kreis. Abermals ein blitzschnelles Klingenkreuzen. Hart und schnell schlug Stahl gegen Stahl: es klang wie das Hämmern auf einem Amboß. Susanoo parierte jeden Angriff, zwang seinen Gegner, Schritt für Schritt zurückzuweichen. Ich spürte, wie Azamaros Kräfte nachließen. Seine Brust hob und senkte sich keuchend. Schweiß lief ihm übers Gesicht. Ein seltsames Stöhnen wie der Schmerzenslaut eines Tieres drang aus dem Unterholz, als Susanoo immer schneller, immer erbarmungsloser angriff. Seine Gestalt ragte tiefschwarz und mächtig auf im rötlichen Halbdunkel. Azamaro verlor ständig an Boden. Sein Atem ging stoßweise. Der hin und her zuckende Widerschein des Sternenschwertes schimmerte blutrot auf seinem silberhellen Haar. Die großen grauen Augen starrten Susanoo unverwandt an – starrten ihn an und durch ihn hindurch. Sein Blick schien auf jenen Punkt des Nichts gerichtet, den er bald erreichen würde. Und mit einem Mal blitzte das Sternenschwert wie eine Funkengarbe auf, schoß an dem Lederschild vorbei und bohrte sich tief in Azamaros Brust.

Ein vielstimmiger Schrei – halb Seufzer, halb Triumph – stieg aus den Reihen der Krieger. Einige Atemzüge lang stand der Ainu-König schwankend inmitten der Gräser, als würde er einzig durch die Klinge, die ihn durchbohrte, auf den Füßen gehalten. Seine Augen blickten jetzt gläsern, und das Schwert entglitt seiner Hand. Dann zog Susanoo seine Waffe zurück. Ein Schauer rann durch Azamaros Körper, und er sank langsam in die Knie. Er fiel nach vorn, rollte herum und blieb still in den Gräsern, die sich rot färbten, liegen.

Das Stöhnen, das vom Waldrand zu uns herüberdrang, steigerte sich zu wildem, leidenschaftlichem Klagen. Es schien nicht nur aus der Luft, sondern aus dem Innern der Erde, aus den Tiefen der Felsen emporzudringen. Ich spürte, wie mein Blut erstarrte, wie mich das Grauen erfaßte. Die Tungusen hoben die Speere, umklammerten die Säbelgriffe. Ihre unruhigen Blicke richteten sich aufs Gebüsch, glitten über die düsteren Umrisse der Felswände.

Susanoo schenkte dem allen keine Beachtung. Er wischte sein Schwert ab und blickte auf den Mann, den er getötet hatte. Anstrengung, Schweiß und Staub hatten seine Züge zu einer düsteren Maske erstarren lassen, und die Falten um seinen Mund waren tief wie die Einschnitte eines Messers. Er hob das »Tanneku«, das Langschwert, auf und betrachtete es eine Weile nachdenklich. Dann bückte er sich und schob es wieder in die Lederscheide, die am Schwertgurt des Toten hing. Schließlich befahl er zwei Soldaten, den Leichnam zu bewachen, ihn vor Plünderern und Raubtieren zu schützen.

Unvermittelt brach das Wehklagen ab. Noch unheimlicher als das gespenstische Jammern war die völlige Stille. Eben noch war die Dämmerung klar und durchsichtig gewesen, jetzt hatte sich die Nacht unmerklich herabgesenkt und den Wald wie unter einer riesigen schwarzen Decke begraben.

Obwohl es Iri widerstrebte, die Nacht in dem engen Talkessel zu verbringen, sah er sich gezwungen, hier das Lager aufschlagen zu lassen. Instinkt und Erfahrung sagten ihm, daß die Ainu nach dem Tod ihres Königs in den nächsten Stunden nicht angreifen würden. Seine Befehle waren knapp: »Man achte darauf, daß das Lager gegen Überfälle geschützt ist. Die Männer sollen bei ihren Waffen schlafen. Man lasse die Pferde angepflockt grasen. Am Waldrand sollen die Wachtposten vervierfacht werden. Und man entzünde Feuer, damit das Lager erleuchtet ist und die Wilden sehen, daß wir auf der Hut sind!«

Bald flackerten die ersten Feuer auf. Für den König und sein Gefolge wurden Zelte aufgeschlagen. Matten bedeckten den Boden; Brokatdecken und seidene Kissen wurden darauf gehäuft. Die Standarte, auf der der Adler seinen Platz hatte, war vor dem königlichen Zelt aufgepflanzt, doch Kana war noch immer nicht zurückgekehrt, und der Wächter blickte beunruhigt zum Sternenhimmel auf.

Während Onoshi, der Feldarzt, mit seinen Helfern die Verwundeten pflegte, kümmerten sich die Stallburschen um die Pferde, nahmen ihnen die Harnische ab und rieben ihnen das nasse Fell trocken. Die erschöpften Krieger drängten sich um die Lagerfeuer. Quellwasser, Reis und Gerstenbrei waren ihre einzige Nahrung. Das Fleisch der umgekommenen Pferde wurde nie angerührt.

Mir war elend zumute. Kuchikos Tod bewegte mich zutiefst. Ich ließ die Bestattung vorbereiten. Die Toten wurden gewaschen, in weiße Tücher gehüllt und auf grob gezimmerte Bahren gelegt, um bei Sonnenaufgang den Flammen übergeben zu werden. Etsu und Hana schlugen leise die Tempeltrommeln. Der weiche Klang vermischte sich mit dem Rauschen des Wildbaches. Ich verbrannte Weihrauchstäbchen vor dem Schrein der Göttin. Während ich mit halblauter Stimme die Sterbegebete sang, dachte ich an den Ainu-König. Er hatte gegen das Sternenschwert gekämpft, obgleich er sein Schicksal vorausahnte. Seine rätselhaften Worte hallten noch in mir wider, und ich entsann mich auch Susanoos Traum. Doch ich vermochte die Zeichen immer noch nicht zu deuten . . .

Aufgeregtes Schnauben und Klirren von Zaumzeug riß mich aus meinen Gedanken. Fast gleichzeitig erschallten die Warnrufe der Wachtposten. Die Krieger sprangen auf, schnallten ihre Harnische um und griffen zu den Waffen.

Yaga, einer der Offiziere, bahnte sich einen Weg durch das Gedränge und verneigte sich im flackernden Lichtkreis vor dem König.

Iri saß vor seinem Zelt am Lagerfeuer. Er hatte seinen Helm abgenommen. Ein junger Kammerdiener war dabei, sein lackschwarzes Haar zu flechten und aufzustecken.

»Majestät«, sagte Yaga, »es haben sich drei Ainu bei den Wachtposten gemeldet, und sie bitten darum, vorgelassen zu werden.«

Yi-Ams Hand lag an seinem Schwertgriff. »Sollen die Feuer gelöscht werden?«

Iri dachte nach. »Nein, wenn es nur drei sind...« Dann wandte er sich an den Offizier: »Fragt sie zuerst, was sie wollen... vorausgesetzt, daß sie sich einer zivilisierten Sprache bedienen!« fügte er verächtlich hinzu.

Yaga verbeugte sich und tauchte in der Finsternis unter. Ein Wortwechsel wurde laut. Nach einer Weile kam der Offizier zurück und meldete: »Sie sind gekommen, um den Leichnam ihres Königs zu holen.«

Wieder umspielte das höhnische Grinsen die Lippen des Herrschers. Mit einer Handbewegung hieß er seine Leibwächter zur Seite treten. »Laßt sie vor. Aber sorgt dafür, daß der Geruch ihrer verdammten Bärenfelle die Pferde nicht verrückt macht!«

Susanoo hatte sich nicht gerührt. Er saß mit untergeschlagenen Beinen auf der anderen Seite des Feuers. Das Sternenschwert lag auf seinen Knien. Ich suchte seinen Blick, doch seine Augen waren auf die drei Gestalten gerichtet, die langsam aus dem Halbdunkel traten.

Trotz der schwarzen Bärenfelle, die sie von Kopf bis Fuß einhüllten, waren ihre Bewegungen geschmeidig und leicht. In ihrer Haltung lag weder Herausforderung noch Furcht. Vor der Feuerstelle blieben sie stehen und ließen die Bärenköpfe auf die Schultern gleiten. Zwei der Männer waren klein und gedrungen. Ihre Augen schimmerten wie schwarze Perlen über den struppigen Bärten, die mit dem dichten Haar ein krauses Gewirr bildeten. Ihre erstaunlich buschigen, abstehenden Brauen erinnerten an Insektenfühler. Der dritte Mann war hochgewachsen und jung. Ein zinnoberrotes Stirnband hielt seine pechschwarzen Flechten zurück. Sein Gesicht war eines der schönsten, das ich je bei irgendeinem Menschen gesehen hatte: ein schmales Gesicht mit einer hohen Stirn, einem eindrucksvollen Mund und weit auseinanderstehenden Augen. Ein lockiger Bart fiel über sein fein gemeißeltes, gerades Kinn.

Die Ankömmlinge verneigten sich nicht: es war nicht Sitte bei den Ainu. Sie begnügten sich damit, die geballte rechte Hand kurz an die Stirn, dann an die Brust zu heben.

Der jüngere Mann trat einen Schritt vor und begann zu sprechen. Die leise, vibrierende Stimme erweckte eine Erinnerung in mir, die sich gleich darauf durch seine Worte bestätigte. »Mein Name ist Karas. Ich bin Azamaros Sohn.«

Iris Blick war ebenso herausfordernd wie seine Frage. »Wirst du jetzt seine Nachfolge antreten?«

»Dazu bin ich nicht berufen«, erwiderte schlicht der junge Mann.

Iri lächelte ironisch. »Und wer wird das Volk der Aiu-Utari anführen, jetzt, wo sein Herrscher den Tod gefunden hat?« Der Spott in seiner Stimme war nicht zu überhören.

Die beiden älteren Männer starrten ihm unbewegt ins Gesicht: Offensichtlich verstanden sie den Wortwechsel nicht. Doch ich sah, wie Karas Iris Hohn mit einem langen, kühlen Blick beantwortete. Er sagte nur ein einziges Wort, einen Namen: »Kubichi.«

Mein Atem stockte. Mir war, als ob die Geister der Nacht mich mit ihren Schwingen streiften, und ich fröstelte.

»Und wer ist Kubichi?« fragte der König.

»Kubichi führt die heiligen Bären.«

Iri runzelte ungeduldig die Brauen. »Ihr wollt also weiterkämpfen?«

»Wir werden weiterkämpfen.« Die sanfte Stimme hatte etwas Drohendes an sich. »Ich, Karas, sage Euch, daß die ›Sisamu‹ [›die Menschen aus dem Westen‹ – so wurden wir genannt] nicht durch das Land der Aiu-Utari reiten werden. Ich, Karas, sage Euch, wenn die Sisamu jetzt umkehren, sollen sie in Frieden ziehen. Doch wenn sie tiefer in unsere Wälder eindringen, werden die heiligen Bären sie vernichten.«

Iri erwiderte verächtlich: »Wie könnte uns deine Drohung beeindrucken? Hat das Bärenfell denn euren Herrscher geschützt, als er gegen das Sternenschwert kämpfte?« Er wies auf Susanoo, der seine unergründlichen Augen über das Feuer hinweg auf die Fremden gerichtet hielt.

Langsam wandte Karas sich ihm zu. Die Flammen knisterten. In Karas' Blick lag weder Rachsucht noch Haß; es war eher ein kurzes, aufmerksames Abschätzen. Dann schweiften seine Augen wieder zurück zu dem Tungusenkönig. »Die Bären werden seinen Tod rächen«, sagte er gleichmütig.

Yi-Am, der den Wortwechsel mit wachsender Gereiztheit verfolgt hatte, fuhr plötzlich dazwischen. »Seid Ihr gekommen, Seiner Allerhöchsten Majestät zu huldigen, oder sollen wir Eure Worte als Beleidigung verstehen?«

Karas beachtete ihn kaum. Seine ruhigen Augen ließen nicht vom Gesicht des Königs. An ihn richtete er jetzt seine Antwort. »Wir sind gekommen, um die sterbliche Hülle meines Vaters in den Himmel zu geleiten.«

»Wie ihr das fertigbringen wollt, kann ich mir nicht vorstellen.« Iris Stimme war triumphierend. »Meine Entscheidung ist folgende: Der Leichnam wird euch erst dann zurückgegeben, wenn ihr euch durch einen Eid verpflichtet, uns eure stinkenden Horden aus dem Weg zu schaffen!«

In Karas' Augen glomm ein Funke auf. Er zischte seinen Begleitern etwas zu. Die Hände der beiden Männer flogen an ihre Langschwerter. Im gleichen Augenblick schloß sich die Leibgarde wie eine glitzernde Phalanx um das Feuer.

Plötzlich fiel ein langer Schatten auf den Boden: Langsam trat der Herrscher von Izumo in den Lichtkreis. Sein glänzendes schwarzes Haar verdeckte zur Hälfte sein Gesicht, das im Feuerschein wie dunkle Bronze schimmerte. Das Sternenschwert funkelte in seiner Hand.

Iri starrte ihn an. Seine dünnen Lippen zeigten einen Ausdruck von Mißfallen. Doch er war klug genug, sich zu beherrschen, und nickte ihm wohlwollend zu. »Euch, Hoheit, und Eurem Schwert gebührte die Ehre, den Feind zu besiegen. Geruht Eure Meinung zu äußern.«

Nachlässig, fast gelangweilt, stützte sich Susanoo auf seine Waffe. Doch sein Blick senkte sich wie ein Speer in die Augen des Königs. »Ich gab Azamaro mein Wort, daß ich seine sterblichen Überreste dem Volk der Aiu-Utari übergeben würde.«

Iri entblößte seine Zähne, doch es war kein Lächeln in seinem Gesicht. »Ihr habt Euer Wort an einen Wilden verschwendet.«

Susanoo blieb regungslos. Nur die Spitze seines Schwertes grub sich tiefer in den Boden. »Ich pflege mein Versprechen zu halten, ganz gleich, wem ich es gebe, einem Wilden oder einem Gott. Der Mann, dem ich das Leben nahm, war ein König.«

Iri starrte ihn schlitzäugig an. Er ballte die Fäuste, so daß die Knöchel unter der Haut hervortraten. Nur mit äußerster Mühe gelang es ihm, in verbindlichem Ton weiterzureden. »Gestattet mir, daß ich in diesem Fall den Rat einberufe, um den Mitgliedern Gelegenheit zu geben, Euer Tun zu billigen.« Seine Stimme wurde scharf, beinahe schrill. »Würdet Ihr, Hoheit, den Ratsbeschluß annehmen?«

Ich biß mir nervös auf die Lippen. Susanoo wußte so gut wie ich, daß die Mehrheit der Ratsteilnehmer dem Tungusenkönig treu ergeben war. Um so mehr verwunderte es mich, als ich seine Augen spöttisch aufblitzen sah.

»Ja, Majestät, ich würde ihn annehmen«, erwiderte er gelassen. »Und ich würde Euch das Sternenschwert zu Füßen legen.« Er hob die Waffe mit beiden Händen und hielt sie dem König entgegen.

Trotz der Dunkelheit sah ich, wie die Röte in Iris Gesicht schoß: Er saß in seiner eigenen Falle! Die Antwort kam wie das Zischen einer Schlange aus den zusammengepreßten Lippen. »Das Orakel gab Euch, und nicht mir, den Auftrag, das Sternenschwert zu führen!«

Im Schweigen, das folgte, gab Susanoo ein Zeichen. Einige Männer entfernten sich und kamen mit einer Bahre zurück, auf der der getötete Ainu-König lag. Man hatte in aller Eile den Leichnam in ein weißes Tuch gehüllt. Die beiden Bärtigen ergriffen die Bahre. Mit langsamer Bewegung schob Karas den Bärenkopf über sein Haupt und drehte dem König grußlos den Rücken zu. Gefolgt von seinen Leuten, durchquerte er den Lichtkreis. Vor Susanoo blieb er stehen. Seine Augen glitzerten unter dem Bärenfell. »Hab Dank«, sagte er mit seiner weichen Stimme, »ich werde dafür beten, daß die heiligen Bären dich verschonen.«

Er wandte sich ab. Die Wachtposten, die mit erhobenen Speeren dastanden, senkten die Waffen. Lautlos verschwanden die Ainu in der Nacht.

Yi-Am lachte boshaft. »Glauben die Wilden allen Ernstes, daß sie durch ihre stinkenden Bärenfelle gegen unsere Angriffe geschützt sind?«

Susanoo warf ihm einen kurzen, sarkastischen Blick zu. »Das wäre gewiß sehr töricht. Doch wird Eurem Scharfsinn nicht entgangen sein, daß von lebenden Bären die Rede war...«

Yi-Am starrte ihn mit offenem Mund an. Ein plötzliches Flügelrauschen durchbrach die lähmende Stille. Der Adler stürzte vom dunklen Himmel herab und ließ sich auf seiner

Stange nieder. Während der Wärter ihn ankettete, schüttelte er die Flügel und richtete sich zum Schlafen ein. Seine Fänge waren rot von Blut.

9

Nach der Einäscherung der Toten räumte das Heer in bedrückter Stimmung das Lager. Die Ainu waren nicht mehr zu sehen. Die Kundschafter, die Tannenwälder und Dickicht durchstreift hatten, kamen mit der Meldung zurück, daß alle Spuren nach Süden führten. Kana flog über uns mit weitausholenden, regelmäßigen Flügelschlägen. Ihm als einzigem entging keine Bewegung. Menschenaugen können durch die List anderer Menschen getäuscht werden. Kana sah alles.

Die aufgehende Sonne tauchte Wälder und Täler in schimmerndes Gold. Die Blätter der Eichen hatten sich schon bunt gefärbt, und dazwischen leuchtete wie Kupfer der nackte Fels. Der gewaltige Heereszug bedeckte die ganze Ebene. Das Königswappen glänzte; die Standarten der Gefechtskommandanten wehten im Wind. Die Pferde schritten mit wippender Mähne. Die schimmernden Harnische, die blinkenden Amulette gaben ihnen das Aussehen prunkvoll geschmückter Fabeltiere. Schwerbepackte Lastpferde und die Dienerschaft bildeten den Schluß des Zuges.

So ritten wir durch das klare, kühle Frühlicht, und unsere Herzen waren voller Mißtrauen und Furcht. Ich dachte an die gestrige Schlacht, an Kuchikos Tod. Ich dachte an den Ainu-König, der sein Leben für sein Volk geopfert hatte. Ich sah seinen Sohn im Feuerschein stehen, hörte ihn einen Namen aussprechen: »Kubichi«. Ich dachte: Das ist nur ein Name, doch da war noch mehr. Aber was es war, das wußte ich nicht. Ich fühlte es nur im Herzen. Es war ein Leuchten, und es war ein Schmerz.

Wir ritten durch feindliches Land und waren ständig auf der Hut, doch der Tag verlief ohne Zwischenfälle. Die Landschaft veränderte sich. Der Boden war mit federndem Moos bedeckt, in das die Pferdehufe mit schmatzendem Geräusch einsanken. Ein dunkler Hügel reihte sich an den anderen. Hier und da streiften Rehe durch den Tannenwald. Die Tungusen lachten. Sie griffen nach den Waffen und erlegten sie im Spiel.

Der Sonnenuntergang war eindrucksvoll und furchteinflößend. Mächtige violette Wolkenbänke türmten sich am Himmel auf, der karminrot und smaragdgrün schimmerte und den ganzen Horizont färbte. Die Schatten der Hügel verdunkelten die Ebene, und Susanoo, der an meiner Seite ritt, wies auf einen alleinstehenden Kegel, den die sinkende Sonne mit Purpur überzog: »Der Berg Ikoma.«

Ein kalter Luftzug kam auf; er berührte meine Bogensehne und ließ sie summen wie eine Biene. Ich fühlte, wie eine dunkle Vorahnung sich meiner Seele bemächtigte, und flüsterte: »Wir dringen in geheiligtes Land vor.«

»Im Reich des ›himmlischen Bären‹ sind die Feuer im Erdinnern noch nicht zur Ruhe gekommen.« Susanoos Stimme klang eigentümlich bedrückt. »Wenn die Glut auch Jahrhunderte hindurch unter der Oberfläche schwelt, so erwacht sie in gewissen Abständen und durchbricht die Erdkruste . . .«

Er schwieg; wir ritten weiter, die Pferde im Gleichschritt. Beide empfanden wir die Fremdartigkeit dieser Gegend, ihren Zauber und ihre Macht.

Das Lager wurde in einer gut zu verteidigenden Talmulde errichtet. Man schlug die Zelte auf. Matten, Decken und Kissen wurden ausgelegt. Diener sammelten trockenes Holz für die Feuerstellen, holten Küchengeräte und Eßvorräte herbei. Die Krieger zogen den Rehen das Fell ab. Bald drehte sich das Wildbret an großen Spießen über dem Feuer aus Fichtenholz. Die Luft war angefüllt von seinem Geruch. Doch die Stimmen klangen gedämpft, das Lachen und

Scherzen gezwungen. Das Licht und die Wärme des Feuers vermochten nicht die beklemmende Angst zu vertreiben. Die Geräusche der Nacht, das Knacken, Pfeifen und Flüstern im Wald, ließen rund um das Lager eine unheimliche Sprache hören, und zuweilen zeichneten sich seltsame Schatten am Rande der Lichtung ab. Die Pferde waren unruhig; ihre Ohren spielten, und sie sogen mit geblähten Nüstern die Luft ein.

Ich kniete neben Iri auf einem seidenen Kissen. Trotz der Kälte klebte mein Körper vor Schweiß. Ich wußte, irgend etwas würde geschehen; und ich würde begreifen, warum mein Herz voller Angst, Verzweiflung und Schatten war. Die Flammen leuchteten auf Seidenstoffen und Harnischen, auf Schalen und Kelchen.

Das Fleisch wurde geschnitten. Wie üblich bei den Tungusen, war das Fleisch nur kurz von außen gegrillt, während es im Innern fast ganz roh blieb. Iri schlang die Bissen gierig herunter. Das Blut tropfte von seinen Fingern, und das Fett zischte im Feuer. Mir würgte es in der Kehle: Ich gab das Fleisch unberührt zurück.

Durch den Rauchschleier sah ich Susanoo regungslos mir gegenüber sitzen. Er hielt das Sternenschwert auf dem Schoß. Die goldenen Ketten seiner Rüstung funkelten bei jedem Atemzug. Auch er hatte das Fleisch zurückgewiesen. Unsere Blicke trafen sich, mieden sich und suchten sich dann wieder in geheimer, stummer Zwiesprache.

Später ruhte ich dann unter dem Zeltdach. Iri lag neben mir und streichelte meinen Arm. »Morgen sind wir in Ikoma«, sagte er. »Hunderte von toten Ainu werden dir zu Füßen liegen, und die Siegesfeuer werden die Zelte erleuchten . . .«

Ich schwieg, und er lachte. Seine weißen Zähne glitzerten in der Dunkelheit. Seine Hände streichelten meine Schultern. Ich lag bewegungslos, und in mir rieselte der Schmerz wie Blut aus einer offenen Wunde. Und dann schlief er ein, und ich starrte mit weit offenen Augen ins

Leere, bis die Schatten verblaßten und Tau den Waldboden benetzte . . .

Der Tag erwachte in Dunstschleiern. Die aufgehende Sonne schimmerte wie stumpfes Silber hinter der Wolkendecke. Kein Lufthauch regte sich; es war drückend heiß. Die Standarten hingen schlaff am Eisen der Lanze. Männer und Pferde schwitzten unter den Harnischen. Von einer Anhöhe aus betrachteten wir das Gelände. Die schwarzen Tannen gaben den Hügeln das unnatürliche, gespenstische Aussehen geduckter Riesentiere. Es war unheimlich still. Kein Vogel sang. Kein Zweig, kein Blatt regte sich an den Bäumen. Es war ein lähmendes, geheimnisvolles Schweigen, als ob Himmel und Erde gleichsam den Atem anhielten. Das gedämpfte Aufschlagen der Hufe, das Klirren des Zaumzeugs hallte in meinem Kopf. Das Blut pochte in meinen Schläfen; das kleinste Geräusch ließ mich zusammenschrecken. Ich kannte dieses Gefühl: Das, was wir »Zeichen« nennen, war nichts anderes als die genaue, fast unbewußte Beobachtung geringfügiger Einzelheiten, aus denen sich nach und nach die Vorahnung bildete.

Neben mir ritt Susanoo. Seine Augen spähten mit gespannter Aufmerksamkeit in die Ferne. Ich wollte mit ihm sprechen, aber meine Kehle war wie ausgetrocknet. Ich kämpfte gegen die Furcht, die meinen Körper erzittern ließ. Ich schwankte im Sattel. Susanoo warf mir einen raschen Blick zu. Er zügelte sein Pferd, führte es nahe an mich heran und stützte mich, während unsere Tiere Flanke an Flanke weitergingen. Ich drückte den Kopf an seine Schulter, vergrub mein glühendes Gesicht in den Falten seines Mantels.

»Was hast du?« fragte er leise.

»Eine Warnung!« stieß ich hervor. »Ich spüre eine Warnung in mir.«

Sein Atem streifte mein Haar. »Ja«, erwiderte er düster, »sie hängt über uns wie der Schatten eines Berges . . .«

Die Vorhut sprengte einen Hügel hinauf. Oben angekommen schwenkten sie ihre Lanzen und jagten über den Hang zurück: Sie hatten nichts Verdächtiges gesichtet. Das Heer zog weiter.

Iri gab einen Befehl: »Man lasse den Adler frei!«

Der Wärter löste die Kette. Mit mächtigem Flügelschlag schwang sich der Raubvogel über die Truppen hinweg in die Höhe. Eine Luftströmung erfaßte ihn, und er begann über den Hügeln zu kreisen. Bald war er nur noch ein schwarzer Punkt am Himmel. Eine Weile verharrte er unbeweglich. Und plötzlich – völlig unerwartet – faltete er die Schwingen, stürzte wie ein Pfeil aus schwindelnder Höhe auf die Tannen nieder.

Iri wandte sich an den Wärter mit ärgerlichem Stirnrunzeln. »Er hat Beute geschlagen! Hast du ihm nicht genügend Nahrung gegeben?«

Der Wärter erbleichte. Er hatte dem Adler Überreste des Wildbrets vorgeworfen, bis der Vogel satt war. Der Adler kreiste nun wild um die Baumwipfel. Dann flog er aufgeregt am Waldrand hin und her und erhob sich wieder in den Himmel.

Ich spürte, wie Susanoo erstarrte. Als ich mich aus seinem Arm löste, hob ein gepreßter Atemzug seine Brust. »Jetzt, wo Kuchiko nicht mehr ist ...«, sagte er halblaut, »weiche nicht von meiner Seite.«

Wir ritten weiter. Die Warnung wurde deutlicher: ich spürte sie im Vibrieren der Luft, im unmerklichen Beben der Erde. Es war nicht nur die Angst, die Schauer über meinen schwitzenden Körper rieseln ließ. Ich zitterte, weil jeder Schritt meines Pferdes mich jetzt einer Begegnung näherbrachte, die ich mehr als alles andere auf der Welt fürchtete, mehr noch sogar als den Tod ...

Der Dunst lastete wie eine feuchte Decke auf den Hügeln. Mir war, als öffneten sich vor uns unsichtbare Tore und führten uns in eine geheimnisvolle fremde Welt.

Eine Wolkenfront zog auf. Die unbewegliche, heiße Luft roch nach Schwefel und vermodertem Holz. Die Tungusen ritten in dichten Reihen hinter den Bannerträgern. Die Angriffslust der Männer wurde immer spürbarer. Ihre schmalen Augen durchforschten ständig die Gegend. Die Vorhut tauchte auf, galoppierte über einen Hügelkamm und entschwand dann wieder unseren Blicken.

In der Ferne donnerte es, aber kein Luftzug regte sich. Der Geruch der schwitzenden Pferde war unerträglich. Plötzlich wurden sie unruhig: Ihre wippenden Ohren richteten sich auf. Die Augen leuchteten, die Nüstern bebten. Es war wie ein geheimnisvolles Signal, das sich unter den Tieren ausbreitete. Die Gesichter der Männer waren schweißüberströmt, ihre Augen lauernd. Die Reaktionen ihrer Tiere hatten die Reiter darauf aufmerksam gemacht, daß das Ungewöhnliche, die Drohung herannahte.

»Wo bleibt die Vorhut?« Iris Stimme klang gereizt. Sein Fuchs wieherte rauh und versuchte auszubrechen. Aber Iri hielt ihn mit eiserner Faust zurück. Er rief einen Befehl, den die Offiziere weitergaben. Sofort zogen alle Männer die Waffen. Die Schwerter blitzten wie ein Wald aus blankem Stahl.

Die Wolkenfront stieg höher. Wieder grollte der Donner, und der Himmel leuchtete schwefelgelb auf. Das Herz hämmerte mir bis zum Hals. Susanoos Gesicht war ungewöhnlich angespannt.

Immer noch kein Windhauch. Der Wolkenstrudel kreiste langsam über unseren Köpfen.

Ich sah auf die Hügel vor uns. Die steil abfallenden Hänge waren dicht mit Tannen bedeckt. Felsgrate und -zacken stachen wie bleckende Raubtierzähne aus dem schwarzen Dickicht.

Iri hielt sein Pferd an und beobachtete die Reiterabteilungen, die bis an den Waldrand auf beiden Seiten ausschwärmten. Susanoo brachte seinen Hengst neben ihm zum Stehen.

Iri wiederholte grimmig: »Wo bleibt denn die Vorhut?

Ich bin überzeugt, daß man sie in einen Hinterhalt gelockt und ihnen die Kehlen aufgeschlitzt hat. Aber dieses Mal werden uns die Ainu nicht davonlaufen!«

»Das werden sie sicher nicht.« Susanoo verzog keine Miene. »Sie warten auf uns.«

Iris Augen blitzten ihn an. »Und was wäre Euer Rat, Hoheit?«

»Umkehren, Majestät.« Susanoos Stimme klang gleichmütig. »Die Toten kann niemand mehr aufwecken.«

Iri streichelte zärtlich das nasse Fell seines Fuchses. »Die Ainu haben uns drei Monde lang schwere Verluste beigebracht. Bei allen Geistern, jetzt werden wir es ihnen heimzahlen! In der Ebene können unsere Reiter mit voller Kraft zuschlagen.«

»Und auch sehr schnell davongaloppieren, um die eigene Haut zu retten. Manchmal allerdings nicht schnell genug.«

Iri öffnete die Lippen und lächelte schadenfroh. »Soll das heißen, daß sich der Herrscher von Izumo vor der Übermacht der Feinde fürchtet?«

»Nicht vor den Ainu, Majestät.«

Susanoos sanfte Worte wurden von einem felsenharten Blick begleitet.

Iri wandte die Augen ab und beobachtete die Wolken. »Ein Gewitter zieht sich zusammen.«

»Ja ... aber nicht nur oben am Himmel.«

Ein Lichtschein zuckte auf. Die Luft knisterte. Eine violette Flamme zuckte über die Hügel und tauchte die Landschaft in gespenstische Helle. Der Himmel schien zu bersten. Eine blendende Zickzacklinie teilte die Wolken und schoß auf die Erde herunter: mit scharfem Knall schlug der Blitz in eine Tanne ein. Das Wiehern der Pferde klang schrill. Einige waren nicht mehr zu halten und rasten davon. Shiro-Uma zitterte am ganzen Leib. Ich hielt mich mit den Knien fest und streichelte das Pferd, um es zu beruhigen. Der getroffene Baum brannte wie eine Fackel. Das trockene Holz knisterte und ächzte. Feuergarben sprühten auf. Die Flammen breiteten sich aus: Flämmchen züngelten durch das Buschwerk, teilten sich, wuchsen. Unter der dunklen Rauchdecke griff das Feuer auf den Wald über und begann dort zu nagen.

Wieder leuchtete ein blauweißer Blitz. Der Donner dröhnte wie der Hammerschlag auf einem Riesengong. Die Reiter rissen die erschreckten Pferde abwechselnd nach rechts und links und versuchten die Reihen neu zu ordnen. Der ganze Waldrand stand jetzt in Flammen. Das Prasseln des Feuers ging in dumpfes Trommeln über: der Hügel schien zu zittern.

Plötzlich packte Susanoos Hand fest meine Schulter. Er schaute zu dem Berg, der dem brennenden Wald gegenüberlag. Ich folgte seinem Blick. Ein Erdrutsch schien sich vom Hang zu lösen, wälzte sich wie eine riesige braune Masse der Ebene entgegen. Doch kein Krachen, kein Dröhnen, kein Poltern war zu hören. Vollkommen lautlos rollte die Bergflanke ins Tal. Dann begriff ich, was ich sah, und das Blut stockte mir in den Adern: Es war kein Erdrutsch – es war eine Bärenherde!

Einen Augenblick lang herrschte Stille. Es war, als ob alles – die Luft, die Erde, die Menschen und die Tiere – den Atem anhielte. Dann hallte ein Donner wie der Schlag einer Riesenpeitsche, und der Tumult brach los. Aus den geordneten Reihen der Tungusen wurde ein wildes, unübersichtliches Chaos. Die Pferde bäumten sich auf vor Angst, schlugen aus, drehten sich wie rasend im Kreis und warfen ihre Reiter in panischem Entsetzen ab. Die Krieger riefen zu ihren Göttern, umklammerten die Waffen. Der Wald brannte. Der Rauch lag wie eine erstickende Dunstglocke über dem Tal, und die Hitze schlug uns wie eine Wand entgegen. Ein aufkommender Windhauch zog eine Funkenschlange mit sich. Bäume barsten auseinander, zerfielen zu weißer, glühender Asche.

Mit zunehmender Geschwindigkeit näherte sich die Bärenherde dem Tal. Susanoos Finger gruben sich in meinen

Arm, doch ich spürte den Schmerz erst, als fünf- bis sechshundert jaulende Ainu hinter uns aus dem Unterholz brachen und er mich losgelassen hatte. Wir waren eingekreist!

Iris Gesicht war grau und mit Angstschweiß bedeckt, doch er versuchte, Herr der Lage zu bleiben. Er befahl Oba, mit zwei Einheiten die Nachhut zu verstärken, während die übrigen Streitkräfte zum Frontalangriff Aufstellung nehmen sollten.

Alles spielte sich jetzt in rasender Schnelligkeit ab. Susanoo sprang vom Pferd, warf die Zügel einem zitternden Stallburschen zu. »Alle Mann aus den Sätteln!« schrie er.

Sein scharfer Verstand hatte bereits erkannt, was Iri nur zögernd wahrhaben wollte: das Heer befand sich in äußerst gefährlicher Lage. Die Pferde gebärdeten sich wie besessen und machten jeden geordneten Vorstoß unmöglich. Die Krieger gehorchten seinem Befehl und sammelten sich um ihn.

»Bringt die Pferde in Sicherheit!« Susanoos Stimme überschlug sich fast. »Wenn die Bären die Reittiere angreifen, sind wir verloren!«

Atemlos erteilte er weitere Befehle, stellte seine Krieger in drei geballten Formationen auf. Eine in vorderster Linie, zwei etwa zwanzig Schritte dahinter. Ein Knie auf den Boden gestützt, duckten sich die Männer mit angstverzerrten Gesichtern hinter ihre Schilde und setzten die Pfeile an die Bogensehnen.

Auch ich war aus dem Sattel gesprungen und hatte Shiro-Uma der Obhut eines Stallburschen anvertraut. Ich kauerte neben Susanoo hinter meinem Schild und ließ den ersten Pfeil aus dem Köcher gleiten. Mein Atem flog; ich wischte mir mit dem Ellbogen den Schweiß vom Gesicht. Das Feuer jagte wie eine rote Flutwelle durch den Wald. Beißender Rauch drang uns in die Lungen; wir husteten und keuchten. Ein Blitz zuckte wie eine blauweiße Narbe durch die Wolken. Der darauf folgende Donnerschlag schien die ganze Welt in Stücke zu reißen. Unter dem Moos begann der Boden immer stärker zu vibrieren.

Etwa fünfhundert Schritte vor uns knackte und splitterte das Unterholz: die Bärenfront tauchte aus dem Dickicht! Beißender Geruch schlug uns entgegen. Die Herde kam direkt auf uns zu, stürmte in lautlosem, fast spielerischem Galopp zum Angriff: eine kompakte Masse wogender brauner Rücken.

Susanoo hielt das Sternenschwert mit beiden Händen gepackt. Seine Augen funkelten, sein Atem ging fliegend. »Wartet, bis sie sich aufrichten«, schrie er den Männern zu, »und schießt ihnen dann in den Rachen!« Hufe donnerten vorbei: ein Pferd hatte sich losgerissen, flüchtete schaumbedeckt und mit irren Augen durchs Gehölz. Zwei Bären sonderten sich vom Rudel ab und jagten ihm nach. Niemals hätte ich geglaubt, daß die unförmigen, schwerfälligen Tiere so schnell sein können. Sie schnitten dem Pferd den Weg ab. Das gehetzte Tier wirbelte herum, drehte sich zähnefletschend im Kreis. Einer der Bären wurde von den Hufen getroffen und überschlug sich. Der andere packte mit beiden Vordertatzen den Hals des Pferdes und bohrte seine Krallen in das Fleisch.

Der Abstand zwischen der angreifenden Herde und uns verringerte sich zusehends. Jetzt hörten wir ihr Brummen: Es war so drohend und furchteinflößend, daß selbst der Herzschlag des Tapfersten für einen Augenblick aussetzen mußte. Fast alle Tiere waren von brauner Farbe, mit einem weißen Fellkranz um den Hals. Ein einzelner pechschwarzer, mächtiger Bär stürmte an der Spitze des Rudels. Und auf seinem wogenden, federnden Rücken ritt mit wehenden Haaren ein Kind.

Der Schreck nahm mir jedes Gefühl, jeden Gedanken. Gelähmt sah ich, wie sich die Bären einer nach dem anderen aufrichteten. Sie kamen auf uns zu wie Menschen, die tastend ihren Weg suchen. Ihre Tatzen bewegten sich auf und nieder. Ich sah ihre langen, scharfen Krallen, ihre rötlich funkelnden Augen, die glänzenden Reißzähne. Speichel rann aus ihren hechelnden, weit geöffneten Mäulern.

Die abscheuliche Welle von Gestank breitete sich immer stärker aus. Fauchend und brummend tapsten die Bären immer näher heran. Einem Krieger versagten die Nerven: er stieß einen heiseren Schrei aus und floh. Die anderen kauerten bebend hinter ihren Schilden.

»Warten!« keuchte Susanoo.

Jetzt richtete sich auch der Bär, der das Rudel anführte, mit einem einzigen Muskelwogen zu voller Größe auf. Wie ein schwarzer Koloß kam er schneller, immer schneller auf uns zu. Ich sah das Gesicht des Kindes, das sich an seine Schultern klammerte. Nein, es war kein Kind: Es war eine junge Frau. Und sie hielt einen Speer in der Hand...

»Jetzt!« brüllte Susanoo.

Die Pfeilwolke schwirrte los. Ein Brüllen, das einem das Blut zu Eis erstarren ließ, erhob sich aus dem Bärenrudel. Einige Tiere stürzten tödlich getroffen zu Boden. Andere taumelten, drehten sich, versuchten mit wild schlagenden Tatzen die Pfeile aus ihren blutigen Rachen zu schleudern. Ein paar Bären waren in die Schulter oder Brust getroffen; sie krümmten sich, schlugen ihre Zähne in die Stelle des Körpers, wo die Pfeile eingedrungen waren, und rissen sich die Waffe mit dem Fleisch heraus.

Am Horizont flackerten Blitze auf. Donnerschlag folgte auf Donnerschlag. Wieder brüllte Susanoo einen Befehl. Trocken und scharf klang das Zischen der Pfeile. Die getroffenen Tiere stürzten. Ihre Tatzen schlugen blindlings ins Leere, die blutigen Körper wälzten sich im Todeskampf hin und her, erschlafften und wurden starr.

Über das Brummen, Fauchen und Knurren hinweg ertönte plötzlich ein lang anhaltender, schriller Ruf, der Stimme eines Vogels ähnlich. Der Ruf brach ab, erhob sich wieder, dehnte sich, dehnte sich endlos. Und ehe ich begriff, daß diese aufreizenden Laute aus der Kehle der jungen Frau kamen, stürmten die übriggebliebenen Tiere mit unheimlichem Brüllen weiter.

Und wieder richtete sich der Schwarzbär auf, bewegte sich wie ein Ungeheuer aus vergangenen Zeiten auf uns zu. Dumpfes Grollen erschütterte seine Brust. Er hielt die Tatzen mit den weit geöffneten Krallen wie Hände erhoben, und die über den schrecklichen Reißzähnen aufgestülpten Lefzen waren weiß vor Schaum. Die Frau auf seinem Rücken hielt mit dem linken Arm den mächtigen Hals umschlungen. Mit dem rechten hob sie den Speer. Sie bohrte dem Bären die Fersen in die Flanken, wie eine Reiterin es tun würde, um ihr Pferd anzuspornen. Ich sah ihr dichtes, lockiges Haar, ihr haßentstelltes Gesicht. Ihre Haut hatte die Farbe einer Kupferader, die in unterirdischer Dunkelheit golden erglüht. Ihre Lider zogen sich wie blaue Schmetterlingsflügel bis zu den Schläfen.

Das alles nahm ich wie im Trancezustand wahr, während ich hochschnellte, den Pfeil auf sie richtete, die Sehne in Augenhöhe spannte und losließ. Das Sirren des Bogens schien in meinem Blut zu widerhallen. Der Pfeil streifte das Gesicht der jungen Frau. Ich, die nie danebenschoß, hatte mein Ziel verfehlt! Ich sah die Frau kraftvoll und behende den rechten Arm heben. Der Speer nahm seinen Flug. Im Bruchteil eines Atemzuges, bevor das kalte Eisen in mein Herz dringen konnte, warf sich Susanoo mit erhobenem Schild vor mich. Das Sternenschwert beschrieb einen silbernen Bogen und schleuderte den Speer zur Seite. Und im selben Augenblick trieb die Frau den Bären voran, hetzte ihn auf den Herrscher von Izumo.

Der gesträubte, brüllende Koloß fiel mit gewaltigem Satz über Susanoo her. Beide – der Mann und das Tier – stürzten zu Boden. Susanoo lag begraben unter der Brust des Bären, wurde aber von seinem Schild gedeckt. Unempfindlich gegen das drückende Gewicht, gegen die Krallen, die sich in seine Schultern bohrten, schlug er mit voller Kraft zu, trennte mit einem einzigen Schwerthieb dem Bären beide Vordertatzen ab. Und während sich das Tier wild brüllend aufbäumte und die blutigen Stummel an die Schnauze drückte, schrie die Frau auf, als ob ihr eigenes Fleisch und Blut getroffen wäre. Der heftige Stoß, mit dem der verwundete Bär sich aufrichtete, schleuderte sie von seinem Rücken. Sie stürzte zu Boden, schlug mit der Stirn gegen eine Steinkante und blieb benommen liegen.

Mit einer einzigen Bewegung sprang Susanoo auf; das Schwert sauste durch die Luft. Der Kopf des Bären wurde von seinen mächtigen Schultern getrennt und rollte vor Susanoos Füße. Eine Blutfontäne spritzte aus der Halsschlagader. Der riesige schwarze Körper sackte zu Boden, zuckte noch einige Male und blieb dann regungslos liegen. Susanoo rang nach Atem. Der Schweiß floß in klebrigen Rinnen über sein blut- und staubverschmiertes Gesicht. Die Rüstung und der Schild hatten ihn vor den mörderischen Krallen geschützt, doch seine Kleider hingen ihm in Fetzen am Leib, und tiefe Kratzwunden bluteten auf Armen und Schultern.

Ich stand wie erstarrt. Ich konnte nicht denken und nicht sprechen. Dann machte Susanoo einen taumelnden Schritt vorwärts und betrachtete die Frau, die mit blutigem Gesicht halb bewußtlos im Gras lag. Als er sich über sie beugte, zuckten ihre Lider und öffneten sich. Sie warf ihm einen kurzen, haßerfüllten Blick zu. Ihre Zähne blitzten. Dann fiel ihr Kopf kraftlos zur Seite. Ihre Stirn war geschwollen, und Blut klebte in ihrem Haar.

Susanoo hatte sich wieder gefaßt. Er winkte zwei Männer der Leibgarde herbei und wies auf die Frau. »Laßt sie nicht aus den Augen!«

Mit erhobener Waffe wandte er sich seinen Kriegern zu, schrie seine Befehle über das Getümmel hinweg. Seine Stimme verhinderte eine Panik: die aufgelösten Reihen schlossen sich wieder keilförmig. Die Krieger deckten sich mit ihren Schilden, wenn die Bären sie anfielen, verteidigten sich mit Säbeln und Speeren.

Einige Bären waren bis zu den Pferden vorgedrungen. Sie schlugen ihre Krallen in Hals und Flanken der Reittiere, rissen ihnen blutige Fleischfetzen heraus. Doch der Verlust ihrer Führerin und das gezielte Abschießen der Pfeile brachte ihren Ansturm allmählich zum Stillstand. Die Bären wiegten sich zähnefletschend und unschlüssig fauchend hin und her, bevor sie zurückwichen und auf das Dickicht zu galoppierten.

Währenddessen überwachte Iri überlegen und kaltblütig die Schlacht. Obas Einheiten sicherten die Rückendeckung. Im Schutz von Susanoos Phalanx ließ Yi-Am seine Reiter über die ganze Ebene ausschwärmen. Die Tungusen sprengten im vollen Galopp auf die Ainu zu. Sie hingen an den Flanken ihrer Tiere, schwangen ihre scharfen Säbel durch die Luft oder stachen mit den Lanzen zu. Durch Dunst und Feuerhitze sah ich ein unentwirrbares Knäuel kämpfender Männer, angreifender Bären und rasender Pferde. Das Schreien, Wiehern und Stöhnen mischte sich mit dem Grollen des Donners und dem hellen Knistern des Feuers. Der Qualm drang in meine Lungen. Ich hustete und würgte mir fast die Seele aus dem Leib. Die Rauchdecke über der Ebene schien dem Vorhang ähnlich, der manchmal über meine Sinne fiel, so daß ich glaubte, das Flimmern sei in meinem eigenen Kopf.

Plötzlich jagte ein weißglühender Blitzstrahl über den Horizont. Der folgende Donnerschlag zerriß mir fast das Trommelfell. Ein warmer Tropfen, dann noch einer, traf meine schweißverklebten Wangen. Der Regen roch nach staubiger Erde, nach verbranntem Holz und nach Blut. Mit trockener Kehle atmete ich gierig die Feuchtigkeit ein. Immer dichter fielen die Tropfen. Die Regenmassen prasselten auf die Hügel, rissen Blätter und Zweige von den Bäumen, ergossen sich auf Menschen und Tiere. Ich spürte, wie der erbitterte Kampf allmählich nachließ.

Wie auf ein geheimnisvolles Signal hin zogen sich die Ainu in die Wälder zurück. Sie schleppten ihre Toten und

Verwundeten mit sich, was ihre Flucht verzögerte. Die Tungusen verfolgten sie im rasenden Galopp und stachen alle nieder, die sie einholen konnten.

Das Schlachtfeld war von Toten übersät. Verwundete wälzten sich stöhnend in ihrem Blut, das sich mit dem Regen vermischte. Das furchtbare Gebrüll der verletzten Pferde war kaum zu ertragen.

Die Krieger taumelten, von Hustenanfällen geschüttelt, oder lachten heiser und erregt. Sie ließen sich keuchend auf den matschigen Boden fallen, schluckten gierig den Regen, der ihnen ins Gesicht fiel. Einige machten sich daran, die Krallen der getöteten Bären mit Messern von den Tatzen zu trennen, denn bei den Steppenreitern wie auch bei uns galten Bärenkrallen als ruhmreiche Siegeszeichen.

Die Ainu-Frau, die im Gras lag, stöhnte leise auf. Die Schwerter der Leibwächter blinkten. Ich trat mit gespanntem Bogen auf sie zu und sah auf sie herab wie auf ein Wesen aus einer fremden Welt. Ihr lockiges Haar klebte schlamm- und blutverkrustet auf ihren Schultern. Eine leichte blaue Tätowierung verlief vom äußeren Augenwinkel bis zu den Schläfen und gab ihren Lidern diese merkwürdige Form von Schmetterlingsflügeln. Die schwarzen Wimpern schimmerten wie Holzkohle. Nase und Kinn waren zart wie gemeißelt. Ihre vollen, leicht aufgeworfenen Lippen verzogen sich schmerzlich. Ich sah, daß sie sehr jung war, jünger noch als ich. Ihre Gelenke waren sehr schmal, ihre Hände und Füße auffallend klein. Dennoch hatte diese Frau – dieses Mädchen – ein Bärenrudel gegen uns angeführt und das Herz tapferer Männer mit Todesangst erfüllt. Ihre Kleidung bestand aus einer kniekurzen, blauvioletten Hose, aus einem Mieder, das über der nackten Brust mit Lederbändern verschnürt war, und aus bestickten ledernen Beinschützern. Ein weiß und rot gemusterter Gürtel, an dem kleine Muscheln baumelten, war um ihre zerbrechliche Taille geschlungen. Um den

Hals trug sie einen seltsamen Schmuck: eine breite, polierte Knochensichel, deren Form dem weißen Fellkragen der Bären ähnelte.

Der Regen auf ihrem Gesicht schien sie langsam zur Besinnung zu bringen. Ihre Wimpern zitterten. Sie versuchte den Kopf zu bewegen.

»Kubichi«, flüsterte ich.

Als ob sie den Namen verstanden hätte, öffnete sie die Lider. Ihre großen Augen waren mandelförmig und rauchgrau; ich kannte diese Augen, die mich jetzt fiebrigglänzend und voller Haß anstarrten.

»Ist sie schwer verletzt?«

Ich sah auf und blickte Susanoo ins Gesicht. Er stand vor mir, groß und düster. Der Regen hatte das Blut aus seinen Wunden gewaschen, und das nasse Haar klebte ihm auf dem Rücken.

»Sie wird gleich wieder zu sich kommen«, antwortete ich.

Hufe hämmerten auf dem aufgeweichten Boden. Der Tungusenkönig und sein Gefolge ritten auf uns zu. Die Standarten hingen naß und schwer an den Stangen. Der Regen auf Iris Gesicht ließ seine Haut wie polierte Bronze schimmern. Er sah von seinem Pferd auf die Gefangene herunter und fragte: »Wer ist sie?«

»Kubichi«, erwiderte ich matt.

Iri runzelte die Stirn. Dann kamen ihm Karas' Worte in den Sinn. Er lächelte kalt und grausam. »Die Bärenpriesterin! Jetzt verstehe ich, warum der Kampfgeist der Ainu so schnell nachließ!«

Kubichis Augen funkelten ihn an. Ihre Lippen waren weiß und zitterten leicht, und ihre Nägel krallten sich in den Boden. Doch nichts deutete darauf hin, daß sie seine Worte verstanden hatte.

Iri lächelte noch breiter. »Wir werden diese Frau als Geisel mitnehmen. Mit ihr können wir die Ainu so leicht fangen wie Lachse im seichten Wasser. Wenn sie ihre

Hohepriesterin lebend wiedersehen wollen, dann nur um den Preis ihrer Unterwerfung!«

Er wandte seinen Fuchs und ritt mit klirrendem Zaumzeug davon.

Susanoos Blick wanderte zu Kubichi zurück. Er löste die feuchten Lederriemen seines Harnischs und warf ihn seiner Ordonnanz zu.

Die Augen der Ainu-Frau, die wie im Fieber glänzten, ließen nicht von ihm ab. Endlich sprach sie, und ihre Stimme war kühl und klar wie ein Gebirgsbach zwischen Farnkräutern und glatten Steinen. Sie sagte: »Du bist der Mörder meines Vaters!«

Und dann hob sie den Kopf, behende wie eine Schlange, die zubeißt, und spuckte ihm vor die Füße.

10

Nach dem Sieg über die Ainu und der Gefangennahme der Bärenführerin hatte Iri beschlossen, auf dem Weg nach Shirakata in der Festung von Tatsuda einige Wochen lang Quartier zu nehmen. Diese Festung hatte er unmittelbar am Grenzgebiet der Ainu errichten lassen, und sie war vom Berg Ikoma aus in dreitägigem Ritt zu erreichen.

Wir hatten starke Verluste gehabt, an Menschen und Reittieren. Die Krieger waren am Ende ihrer Kräfte. Außerdem war Iri der Meinung, daß Karas nach der Gefangennahme seiner Schwester zu baldigen Verhandlungen bereit sein würde.

Die Hügel verschwanden im Nebel. Der Regen rieselte durch die Bäume, durch das Unterholz. Der Boden war aufgeweicht; Wasser spritzte unter den Pferdehufen. Reis und Getreide schimmelten in den Säcken. Die Krieger ritten mit stumpfen, ausdruckslosen Gesichtern und drängten sich nachts in der feuchten Dunkelheit zusammen.

Außer Kubichi waren keine Gefangenen gemacht worden. Man hatte ihr die Hände auf den Rücken gebunden, und die Offiziere nahmen sie abwechselnd auf ihr Pferd. Nachts wurden ihr auch die Fußgelenke gefesselt, und sie war stets von Wachen umgeben. Das Ainu-Mädchen erduldete die Demütigungen mit scheinbarer Gelassenheit. Sie wies auch nicht die Nahrung zurück, die wir ihr reichten. Ich hatte das Gefühl, daß sie Kräfte sammeln wollte. Nur ein Bluterguß an der Stirn zeugte von ihrer Verletzung. Da sie unsere Sprache beherrschte, versuchte ich manchmal mit ihr ins Gespräch zu kommen. Doch sie musterte mich nur mit eiskalter, stummer Verachtung.

Susanoo vermied ganz offensichtlich ihre Nähe. Doch manchmal bemerkte ich seinen Blick, der verhalten und eindringlich zugleich auf ihr ruhte. Dann überkam mich eine seltsame Schwäche. Es war, als ob mein Bewußtsein vor einer Erkenntnis zurückschreckte, die ich weder erwägen noch wahrhaben wollte...

Drei Tage später erreichten wir die Festung. Die dunklen Wolken hatten sich verzogen; der Himmel glitzerte eisigblau wie Jade. Tatsuda war ein mächtiger Bau aus Steinen und Mörtel, der von einem außergewöhnlich hohen Wachturm überragt wurde. Der Wallgraben, der die Festungsmauern umschloß, war eigenartig grün und so tief, daß ihn die Soldaten den »Bodenlosen« nannten. Überall auf den Zinnen standen Bogenschützen. Kundschafter hatten die Ankunft des Königs gemeldet, und alles war für unseren Empfang bereit. Wimpel und Standarten flatterten; die Dienerschaft lag mit der Stirn im Staub.

Kamata, der Festungskommandant, kam uns mit seinen Offizieren entgegen. Er war ein stämmiger, breitschultriger Mann mit hochmütigem Gesicht. Dünne, glatte Barthaare hingen ihm zu beiden Seiten der Oberlippe bis aufs Kinn herab. Er trug ein dunkelblaues Gewand mit Flügelärmeln, eine bronzene Rüstung und einen Helm mit weitgeschwungenen Hörnern. Er verneigte sich tief und geleitete uns ins Innere.

Es war ein Gewirr von Gängen, Holztreppen und Höfen. Ein gewundener Weg, dessen Mauern von mehreren kleineren Wachtürmen überragt wurden, führte durch ein hochgezogenes Fallgitter in einen sandbestreuten Innenhof. Wir übergaben die Pferde den Stallburschen und traten in einen großen, düsteren Empfangsraum mit vergitterten Fensterschlitzen. Die dicken Mauern, die Deckenbalken aus rohem Holz hatten etwas Erdrückendes, und es überfiel mich eine eigenartige Beklemmung. Tatsuda war eine Kriegsfestung und ein Lager, aber die Tungusen liebten den Prunk. Weiche Matten bedeckten den Boden, wohlriechende Hölzer glimmten in kunstvoll verzierten Kohlenbecken, Vasen mit schönen Motiven schimmerten kühl und kostbar im Halbdunkel.

Ich nahm an der Seite des Königs auf einem Brokatkissen Platz. Susanoo ließ sich abseits nieder mit der nachlässigen, fast gelangweilten Haltung, die ihm eigen war. Er ließ mit undurchschaubarer Miene die üblichen Höflichkeitsfloskeln über sich ergehen. Erst als das gefangene Ainu-Mädchen hereingeführt wurde, schien sich etwas in seinen Augen zu beleben. Ich sah, wie sein Atem schneller ging.

Kubichi hielt sich sehr gerade. Das Licht, das durch die Fenstergitter sickerte, schimmerte auf der Knochensichel an ihrem Hals. Ihr schmutziges Gesicht war abgezehrt, das Haar hing verfilzt und glanzlos herunter. Die Kleider waren zerrissen, Arme und Schultern von Dornen zerkratzt. Ihre Hände waren immer noch auf den Rücken gefesselt. Doch ihr Ausdruck, ihre Haltung spiegelten einen Stolz wider, den weder Niederlage noch Gefangenschaft zu brechen vermocht hatten.

Einen Augenblick herrschte Stille; dann ergriff Iri das Wort. »Dein Volk versperrte uns den Weg nach Osten und fügte uns schwere Verluste zu. Viele tapfere Männer fanden den Tod. Wisse jedoch, daß die Sonnengöttin unseren Arm lenkt und unseren Weg ebnet. Ihre Rache wird das Volk der Aiu-Utari mitten ins Herz treffen. Unsere Waffen werden euch vernichten. Kein Greis, kein Säugling wird unseren Zorn überleben. Es sei denn, ihr würdet unserem Königshaus Vasallentreue und unbedingten Gehorsam schwören. Unter dieser Voraussetzung würde Wohlwollen unseren Groll mildern ...«

Kubichis graue Augen waren starr auf den König gerichtet. Ihre eigenartig geschwungenen Lider bebten. Sie hatte viele Tage geschwiegen, so daß mir beim Klang ihrer klaren, kühlen Stimme ein Schauer über den Nakken rieselte. »Was würde uns Euer Wohlwollen nützen? Die ›Sisamu‹ werden den Aiu-Utari den Tod bringen, selbst wenn sie Gnade üben. Es steht in ihren Herzen geschrieben, daß sie unser Land besitzen wollen, um es auszuplündern und zu beherrschen. Bevor nicht der Letzte unseres Volkes gestorben ist, wird es keinen Frieden geben.«

Iri hatte sich nicht gerührt. Doch Yi-Am beugte sich vor und zischte: »Wie kannst du es wagen, Ihrer Allerhöchsten Majestät in dieser Weise zu antworten?«

Sie hob herausfordernd den Kopf. »Was könntet ihr mir antun? Mich töten lassen? Ich fürchte den Tod nicht. Mich in einen Kerker werfen? Mein Herz ist frei wie ein Vogel: Es wird die Kerkermauern durchbrechen und singen in der Sonne. Du aber, König, und all die Deinen, ihr habt den Zorn der Götter zu fürchten, die uns einst dieses Land zum Geschenk machten. Das Feuer des Himmels wird euch verbrennen und eure Knochen in Staub verwandeln! Das ist mein letztes Wort. Mein Herz ist schweigsam und meine Stimme tot.«

Sie preßte die Lippen zusammen und richtete die Augen ins Leere.

Iri gelang es nicht, noch eine einzige Silbe aus ihr herauszulocken. Seine Geduld war zu Ende. Ärgerlich gab er ein Zeichen. Die Wachoffiziere traten vor. »Wir werden ihren Starrsinn schon brechen. Man lege sie in Ketten und sperre sie ins Turmverlies!«

Kubichis Handfesseln wurden gelöst, und die Männer brachten die Ketten. Sie streckte ihnen hochmütig die Hände entgegen. Ich beobachtete, wie sie ihre kleinen, harten Fäuste ballte. Die Männer befestigten die Eisen um Hand und Fußgelenke, und während der ganzen Zeit ließ Susanoo sie nicht aus den Augen. Dann packten die Wachen die Gefangene und zerrten sie aus dem Raum.

Ein tiefer Atemzug hob Susanoos Brust. Unsere Blicke trafen sich. Ich spürte, wie mein Herz schnell und hart gegen die Rippen pochte. Einige Atemzüge lang blieb sein Gesicht ausdruckslos und starr, dann senkte er langsam die Lider; und der Schmerz, der mich durchzuckte, war so heftig und unerwartet, daß ich die Zähne in die Lippen bohrte, um einen Aufschrei zu unterdrücken.

In der Nacht hatte ich einen Traum: Ich kauerte in einem finsteren, feuchten Kerker. Die Decke war so niedrig, daß ich nicht aufrecht darin stehen konnte. Ein Wachtposten stand draußen vor der eisenbeschlagenen Tür. Ich kauerte mit dem Rücken zur Wand und wartete. Es war eisig kalt. Eine Schale voll Reis hatte der Wächter mir durch die niedrige Türöffnung hereingeschoben. Eine Holzritze ließ fahles Dämmerlicht in den Kerker sickern: Bald würde der Tag anbrechen. Ich bewegte mich, und die Ketten schleiften mit leisem Klirren über den Steinboden ...

Es war ein merkwürdiger Traum: Ich war nicht mehr Toyo, die Königin. Ich war das Ainu-Mädchen im Turmverlies. Ich wußte, daß ich entfliehen konnte, und ich wußte auch, wie ich es anstellen würde.

Das Licht wurde heller; Stimmen und Schritte hallten im Hof. Bald würde der Wächter kommen, um die Schale zu holen und mir eine neue hinzustellen. Ich straffte die Armmuskeln und lockerte sie dann. Meine Handgelenke dehnten sich: Fast mühelos streifte ich die Eisen von meinen Händen. Ich wiederholte die gleiche Bewegung mit den Fußknöcheln und legte die Ketten behutsam auf den Boden. Ich war frei... Geräuschlos durchquerte ich den Kerker und kauerte mich an die Wand neben der Türöffnung. Ich nahm den Schmuck aus Walfischknochen von meinem Hals und hielt ihn in der Hand wie einen Dolch. Dann wartete ich; mein Daumen glitt langsam auf und ab an der messerscharfen Schneide...

Die Zeit verging; das Licht wurde heller. Ich kauerte in der Dunkelheit und atmete geräuschlos. Plötzlich erstarrte ich: Schritte polterten auf der Holztreppe. Ein Schatten bewegte sich hinter der Türritze. Der Riegel wurde zurückgeschoben. Ich verhielt mich völlig regungslos, jeden Muskel angespannt wie eine zum Sprung geduckte Katze... Die Scharniere quietschten; die Tür öffnete sich einen Spaltbreit. Der Wachtposten bückte sich, um die Schale zu nehmen. Ich konnte die Umrisse seines Kopfes, seiner Schultern erkennen und spürte seinen schweren Atem. Meine Hand zuckte blitzschnell empor. Der Mann fuhr zurück, warf schützend die Arme hoch, doch die Knochensichel hatte ihm schon die Kehle durchschnitten. Sein Aufschrei erstickte in einem Blutstrom: Er schlug röchelnd und hart auf den Boden. Er war bereits tot, als ich ihn unter den Armen packte und in das Verlies zerrte. Rasch untersuchte ich seine Waffen: Speer und Langschwert waren zu unhandlich. Den Dolch? Ja... den konnte ich gebrauchen.

Vorsichtig trat ich aus dem Verlies und zog die Tür hinter mir zu. Ich lief geräuschlos durch den niedrigen Gang, dann die Holztreppe hinauf. Oben war eine Tür, die nach draußen führte. Ich drückte mich gegen die Wand und spähte um die Ecke. An der Brustwehr standen zwei Wachen, doch sie bemerkten mich nicht. Es war die Zeit der Wachablösung: Zwei neue Wachen stiegen die Steinstufen hinauf. Die Männer wechselten einige Worte; ich hörte sie lachen. Lautlos trat ich auf den Wehrgang. Als die Wachen wieder zum Turm blickten, duckte ich mich bereits zwischen den Zinnen. Ich kauerte auf der Mauer und sah nach unten. Auf der einen Seite lag ein Hof. Eine Wache saß da mit untergeschlagenen Beinen und gähnte. Der Schatten des Speers zeichnete sich scharf auf dem Sand ab. Auf der anderen Seite, tief unten, lag der Wallgraben. Die Festungsmauern spiegelten sich im smaragdgrünen Wasser. Ich band den Schmuck wieder um meinen Hals, füllte meine Lungen mit Luft und sprang. Die schillernde Wasserfläche schien mir entgegenzufliegen. Die Luft sauste um meine Ohren. Dann schlug mir die Kälte wie ein Peitschenhieb ins Gesicht. Finsternis umspülte mich. Grüne Gestirne flackerten vor meinen Augen; mir war, als würden meine Lungen zerreißen.

Ich schrie auf, ich glaubte zu sterben ... und dann wurde ich wach. Ich lag auf der Matte und blinzelte benommen ins Morgenlicht, das hell und warm durch die Schiebetüren fiel. Mit zitternden Händen strich ich mir das wirre Haar aus dem Gesicht. Ein Traum ... es war nur ein Traum gewesen!

Die Schiebewand glitt zur Seite. Meine Zofe Maki verbeugte sich auf der Zimmerschwelle. Ihre Augen blickten fragend und besorgt. Sie mußte den Aufschrei gehört haben.

»Kleide mich an!« befahl ich. »Mach schnell!«

Maki war dabei, meine Schärpe zu knoten, als Lärm zu uns drang. Ich hörte aufgeregte Schritte, und die Stimmen der Wachtposten, die sich etwas zuriefen. Der Schweiß brach mir aus allen Poren; ich schob Maki zurück. »Geh und erkundige dich, was vorgefallen ist!«

Maki verneigte sich und glitt hinaus. Ich holte tief Atem. Die Meldung, die sie mir überbringen würde, kannte ich bereits: Das Ainu-Mädchen war entflohen!

Mein Herz klopfte vor Angst. Ich biß mir die Lippen wund, um meine Erregung zu beherrschen. Ich war verzweifelt und wußte nicht warum. Das Ainu-Mädchen war fort? Nun gut! War es nicht mein innigster Wusch gewesen, sie irgendwie loszuwerden?

Ich hatte Iri noch nie so aufgebracht gesehen wie kurz darauf, als er im Innenhof erschien. Der Zorn strömte von ihm aus wie die Kälte aus einem Eisblock. Befehlshaber und Offiziere starrten finster ins Leere, während der König mit großen Schritten im Schatten der Terrasse auf und ab ging. Die Krieger ließen die Köpfe hängen und wagten kaum zu atmen. Die Wachtposten, die die Flucht der Gefangenen nicht bemerkt hatten, lagen auf den Knien, das Gesicht im Staub.

Man trug den Leichnam des Mannes, den Kubichi umgebracht hatte, vor den König. Alle starrten ungläubig auf die klaffende Wunde, bis Iris zornbebende Stimme das Schweigen brach. »Kann mir jemand erklären, wie sich die Ainu-Frau von ihren Ketten befreit hat und woher sie die Waffe nahm, mit der sie diesem Mann die Kehle durchschnitt?«

Onaki, der Wachhauptmann, ein schwitzender Mann mit groben Gesichtszügen, fiel auf die Knie und legte die Hände flach auf den Boden. »Majestät«, stammelte er. »Wir haben keine Erklärung dafür. Die Eisen sind nicht aufgebrochen. Und . . . und ich kann persönlich dafür einstehen, daß die Gefangene keine Waffe bei sich trug!«

Iri hob höhnisch die Brauen. »Dann ist sie vermutlich dem Wächter wie ein Fuchs an die Kehle gesprungen?«

Drückende Stille. Der Schweiß strömte über Onakis Gesicht, und er senkte den Kopf noch tiefer.

Iris Lippen bebten unter dem kurzen schwarzen Bart. »Hauptmann Onaki, ich befehle Euch, die Wachen, die sich der Unzuverlässigkeit schuldig gemacht haben, unverzüglich hinrichten zu lassen!«

Onaki verneigte sich und brüllte einen Befehl. Sein Gesicht war aschfahl geworden. Die angeklagten Wächter richteten sich auf, legten ihre Speere auf den Boden und schnallten ihre Säbel ab. Ihre Finger zitterten, doch kein Ton drang über ihre Lippen. Sechs Wachen traten vor. Sie stellten sich mit gezogenem Säbel hinter ihre niederknienden Kameraden und warteten auf Onakis Befehl. Ich wandte die Augen ab, als die Waffen niedersausten und mit einem einzigen Hieb die Köpfe vom Leib trennten. Die Leichen wurden weggeschafft, noch bevor die Fliegen kamen. Der Sand war blutbespritzt. Offiziere und Krieger standen wie versteinert im glitzernden Sonnenlicht.

Iri hatte einen Fächer aus seinem Ärmel gezogen und bewegte ihn nervös hin und her. »Hauptmann Onaki, nehmt zwanzig Reiter und verfolgt die Spur der Entflohenen. Ich gebe euch drei Tage Zeit, um sie lebend wieder einzufangen. Entkommt sie, werden auch eure Köpfe in den Sand rollen.«

»Zu Befehl, Majestät.«

Der Hauptmann verneigte sich tief und richtete sich auf, sichtlich erleichtert darüber, daß ihm der königliche Zorn eine Frist eingeräumt hatte.

Er wollte zurücktreten, als eine ruhige Stimme ihn anrief. »Wartet, Hauptmann Onaki.«

Der Mann blieb wie angewurzelt stehen und verneigte sich. Iri wandte unwillig den Kopf, als die hochgewachsene Gestalt des Herrschers von Izumo aus dem Schatten der Säulen trat. Sein schwarzer Mantel schleifte über den Boden. Außer dem Sternenschwert trug er seinen Bogen, und der Köcher hing über seine Schulter. Er verbeugte sich förmlich vor dem König und sprach: »Majestät, wenn Euch noch daran liegt, das Ostmeer zu erreichen, dürften Euch Hingerichtete kaum von Nutzen sein. Gestattet mir, anstelle von Hauptmann Onaki die Entflohene zu verfolgen.«

Ich starrte ihn an, als hätte er mir einen Schlag ins Gesicht versetzt. Alles um mich herum wurde dunkel und kalt. Ich dachte: Ich werde ihn nicht zurückhalten können ... Langsam und lautlos öffnete sich die Wunde in mir. Ein unbestimmbarer, immer weiter greifender Schmerz erfaßte mich.

Dann hörte ich Iri leise und ironisch auflachen. Ich erkannte den gefährlich weichen Klang wieder, den er seiner Stimme immer dann gab, wenn er sich am stärksten fühlte. »Unzuverlässigkeit verlangt nach gerechter Strafe. Doch will ich Euch an Wohlwollen nicht nachstehen. Sollte es Euch gelingen, die Ainu-Frau zu ergreifen, wird Hauptmann Onaki und seinen Männern die Strafe erlassen. Andernfalls wird das Urteil zur gegebenen Zeit vollstreckt.«

»Wie Ihr befehlt, Majestät.«

Susanoo verneigte sich höflich. Dann wandte er sich mir zu, doch ich blickte ihn nicht an. Ich kniete auf einem Kissen, die Augen gesenkt, und meine Hände krampften sich gefühllos und kalt um den Saum meiner Ärmel. Er beugte vor mir das Knie, und ich wurde eingehüllt in die dunkle Wärme seines Schattens; wurde gezwungen, die Lider zu heben und seinem Blick zu begegnen, während er mit langsamen Bewegungen das Sternenschwert aus seiner Schärpe löste und es mir überreichte.

»Bewahrt es sorgfältig auf, Priesterin. Ich brauche es jetzt nicht mehr.«

Ein Flüstern stieg aus den Reihen, doch ich hörte es kaum. Ich starrte in seine Augen, die brannten wie die Sonne und dunkel waren wie die Nacht. Der Schmerz betäubte mich, nahm mir fast den Atem. Steif beugte ich mich vor, und er legte die eiskalten Klingen in meine Handflächen. Die Berührung des Stahls brachte mich wieder zur Besinnung. Ich vernahm wie von weither meine spröde, klanglose Stimme. »Seid unbesorgt. Es ruht in der Obhut der Göttin.«

»Habt Dank«, antwortete er dumpf. Ich sah den Schmerz in seinem Gesicht. Den Schmerz und noch etwas anderes. Er senkte den Kopf; sein langes Haar streifte meine Knie. Die Worte kamen kaum hörbar über seine Lippen. »Priesterin, verzeiht mir.«

Und ich erwiderte: »Geht in Frieden. Die Göttin möge Euch schützen.«

Wir verneigten uns, und er erhob sich. Man hatte Kuro-Uma gebracht. Das geharnischte Pferd tänzelte in der Sonne, und seine Mähne flatterte im Wind. Es hatte Zeit gehabt, sich auszuruhen; seine Hufe scharrten ungeduldig den Sand, während ein Stallbursche es am Zügel hielt.

Susanoo verbeugte sich vor dem König. Iri grüßte huldvoll zurück. Sein Wutanfall schien wie verflogen, und seine Augen blitzten amüsiert. Gelassen fächelte er sich Luft zu und beobachtete, wie Susanoo den Platz überquerte und sich in den Sattel schwang. Dann wendete er das Pferd und ritt zwischen den Kriegern hindurch. Der Schatten des Reiters glitt über den Sand auf das Tor zu. Die Wachtposten senkten die Speere zum Gruß; der Schatten erlosch, während der Reiter in der dunklen Toröffnung verschwand. Erst als das Geräusch der Hufe verklungen war, wurde mir bewußt, daß Susanoo sich kein einziges Mal umgeblickt hatte ...

Stimmengewirr erfüllte die Luft. Die Gesichter verschwammen wie weißer Nebel vor meinen Augen. Das Sternenschwert lastete schwer auf meinen Handflächen, doch das Metall war jetzt nicht mehr kalt: Mit jedem Atemzug schien die Wärme meines Blutes wie pulsierendes Leben in das Eisen zu dringen ...

Noch hoffte ich, er würde zurückkehren; vielleicht sogar noch heute abend, vielleicht am morgigen Tag. Doch ich wußte bereits, daß ich vergeblich wartete. Ein volles Jahr würde vergehen, bis wir uns wieder begegneten. Was in der Zwischenzeit geschehen sollte, ahnte ich in meinem Herzen oder sah es im Traum. Einiges davon erzählte er mir, und so konnte ich alles miterleben, mitfühlen und begreifen. Mein Los auf Erden war, mich dem Schicksal zu fügen; das seine war, dem Schicksal zu trotzen. Ich wußte auch, daß er eines Tages sein Schwert wieder gebrauchen würde. Und ein eigenartiges Gefühl des Friedens erfüllte mich bei dem Gedanken, daß ich da sein würde, um es ihm zu überreichen ...

Dritter Teil

11

Die Sonne stand schon hoch, als Susanoo sein erschöpftes Pferd zügelte und langsamer gehen ließ. Die Gegend, die sich von Tatsuda nach Süden ausdehnte, war dicht mit Schilf und Buschwerk bewachsen. Es war ein Sumpfgebiet, von unterirdischen Bächen durchzogen, die sich manchmal in trägen Wasserläufen vereinigten. Susanoo hatte seinen Hengst lange galoppieren lassen. Er wußte von der seltenen Fähigkeit der Ainu, rasch und ausdauernd wie Tiere zu laufen. Auf diese Weise mußte Kubichi einen großen Vorsprung gewonnen haben. Spuren hatte Susanoo um die Festung herum nicht bemerkt, doch sein Instinkt sagte ihm, daß sie in Richtung der Wälder entflohen war.

Er führte Kuro-Uma an einen seichten Wasserlauf, stieg ab, um das Tier zu tränken. Während der Hengst eine Weile verschnaufte, betrachtete Susanoo das Land um sich herum. Das Schilf raschelte im Wind. Die grelle Sonne hob jede einzelne Bewegung der Gräser und Halme hervor. Wie in einem Ozean ragten, dunklen Klippen gleich, erloschene Vulkankegel auf, deren versteinerte Lavakuppen wie Kronen aus schwarzem Schaum glänzten. Kuro-Umas Flanken dampften. Susanoo pflückte eine Handvoll nasses Gras und rieb damit das verschwitzte Fell unter dem Harnisch ab. Die Erfrischung beruhigte das Pferd, und gleich darauf schwang sich Susanoo erneut in den Sattel, schnalzte mit der Zunge und ließ das Tier wieder ausgreifen. Die Sonne stieg höher; der Himmel war türkisblau, die Luft klar und kühl. Windstöße fegten wie Wellen über das Schilf.

Das Pferd trabte einen feuchten Hügelhang hinauf, als Susanoo plötzlich so heftig die Zügel anzog, daß Kuro-Uma vor Schmerz schnaubte. Der König von Izumo glitt aus dem

Sattel und untersuchte aufmerksam den Boden. Zwischen den Grashalmen fand er, was er suchte: den kaum sichtbaren Abdruck eines Fußes mit leicht einwärts gekrümmten Zehen. Ein Lächeln huschte über Susanoos Gesicht. Die Spur war noch frisch. Das Ainu-Mädchen mußte vor nicht allzu langer Zeit hier vorbeigekommen sein. Susanoo ergriff die Zügel und stieg wieder in den Sattel. Er hoffte, Kubichi einzuholen, bevor der Nachtfrost den Boden verhärtete und jede Spur verwischte. Es war ihm klar, daß er sein Leben aufs Spiel setzte: Je tiefer er in das Ainu-Gebiet vordrang, desto größer war die Gefahr, von einem Speer oder einem vergifteten Pfeil getroffen zu werden. Er wußte auch, daß Kubichi bewaffnet war...

Bald fand er eine neue Spur: Es waren nur ein paar geknickte Halme; eine kaum sichtbare Fährte, die sich durch das Schilf schlängelte. Susanoos Augen suchten aufmerksam den Boden ab. Das trockene Rohr raschelte, während er hindurchritt, und schlug ihm ins Gesicht. Dann tat sich vor ihm eine Lichtung auf. Er spürte, wie Kuro-Uma erbebte, und hielt sofort an. Der Hengst ließ nervös die Ohren spielen. Seine samtweichen Nüstern sogen die Luft ein. Susanoo drehte den Kopf in Windrichtung, bis auch er einen kaum spürbaren Geruch nach Holzkohle und Leder wahrnahm. Der Geruch kam aus einem Dickicht auf der anderen Seite der Lichtung. Einige Atemzüge lang verharrte der Reiter regungslos und hielt den Blick auf die Büsche gerichtet; die Sonne schien ihm voll ins Gesicht. Dann drückte er dem widerstrebenden Hengst die Fersen in die Flanken und überquerte langsam die Lichtung.

Das Ainu-Mädchen hatte sich im Unterholz versteckt. Es lag auf den Knien und hatte das rechte Ohr flach an den Boden gepreßt. Das vibrierende Pochen hatte sie schon seit geraumer Zeit bemerkt. Sie wußte: Ihre Fährte war entdeckt worden!

Nach einer Weile hob Kubichi den Kopf und lauschte: Das Klopfen von Hufen war deutlich zu vernehmen. Das

Mädchen fuhr nervös mit der Zunge über Zähne und Lippen. Ein einzelner Reiter! Was hatte das zu bedeuten? Hinter Büschen und Bambus verborgen, konnte sie ihren Verfolger nicht sehen, doch er kam immer näher. Vorsichtig kroch sie noch weiter zurück, und dann rannte sie. Sie lief lautlos und unglaublich schnell, ohne die geringste Erschöpfung zu zeigen.

Nach einer Weile blieb sie stehen: Es roch nach Feuchtigkeit, und leises Plätschern drang an ihr Ohr. Sie folgte dem Geräusch. Ein breiter, tiefer Bach schlängelte sich durch Bambusstauden und herbstgoldenes Buschwerk. Das Wasser war durchsichtig bis auf den Grund und vom leuchtenden Schimmer der Wasserpflanzen angefüllt. Wieder lauschte Kubichi. Sie vernahm das Hämmern der Hufe, das Knacken der Zweige. Lautlos bewegte sie sich am Ufer entlang. In der tief abfallenden Böschung war eine mit Wasser gefüllte Höhle, wo winzige Fische hin und her schossen. Hier war der Bach so tief, daß seine Farbe in dunkles Grün hinüberspielte.

Kubichis Augen wanderten suchend umher. Sie brach ein langes Schilfrohr ab und sog damit die Luft ein. Dann ließ sie sich geräuschlos ins Wasser gleiten. Sie schwamm dicht unter der Oberfläche, die Augen weit geöffnet, tauchte in die Höhle ein und tastete sich an der glitschigen Erdwand entlang. Mit den Zehen umklammerte sie die Schlingpflanzen. Sie führte das Rohr, das sie mit den Fingern zusammengedrückt hatte, an ihre Lippen und sog völlig entspannt die Luft ein. Tief atmen konnte sie nicht, aber es genügte. Ihr Körper wurde aufgehoben und stieß gegen die Wölbung. Sie ergriff die herabhängenden Wurzeln und hielt sich daran fest. So lag sie, still wie ein ruhender Fisch, mit weit geöffneten Augen.

Nach einer Weile fühlte sie an den Schwingungen des Wassers, daß der Reiter den Bach erreicht hatte und ihn durchquerte. Kubichi wurde leicht hin und her geschaukelt. Sie umklammerte die Wurzel fester und rührte sich nicht, bis die Bewegungen des Wassers völlig abgeklungen waren. Erst als ein Fisch wie eine Silbernadel an ihr vorbeischoß, stieß sie sich ganz leicht mit den Fingern ab und tauchte ohne ein Plätschern an die Oberfläche. Ihre Augen überschauten blitzschnell die Umgebung. Das Wasser war trübe, dort wo der Reiter es durchschritten hatte, und die Spuren waren tief in den weichen Boden gegraben. Kubichi vernahm das Knacken des Schilfs, das Aufschlagen der Hufe. Sie zog sich am Ufer hoch und spähte vorsichtig durch das Unterholz. Im flimmernden Licht sah sie die schwarze Gestalt des sich entfernenden Reiters. Sie erkannte ihn sofort. Ihr Atem stockte; sie spürte plötzlich die Kälte ihrer nassen Kleider. Doch ihre Verwirrung währte nur einen Augenblick. Schon hatte sie sich wieder in der Gewalt und suchte aufmerksam die Böschung ab. Ein Gewirr von Schlingpflanzen breitete sich am Bachrand aus; die überhängenden Ranken tauchten ins Wasser und schaukelten leicht in der Strömung. Myriaden von kleinen Schmetterlingen flogen auf, flatterten eine Weile, ließen sich wieder nieder.

Kubichi nahm ihren Dolch und schnitt eine Anzahl der elastischen Stränge ab. Sie zog die Lederschnüre, die ihr Mieder verschlossen, aus den Ösen und verknotete sie rasch und geschickt mit den Pflanzen. Ihr Atem ging ruhig; sie schien völlig in ihre Tätigkeit versunken, doch kein einziges Geräusch entging ihr. Durch das rötliche Laub fiel die Sonne auf ihren Körper und trocknete ihre Kleider. Jetzt hatte sie eine Art Seil angefertigt, das sie zusammenrollte und über ihre Schulter warf. Sie verwischte sorgfältig alle Spuren am Ufer und rannte behende und schnell wie ein Reh in entgegengesetzter Richtung davon. Die Büsche verschluckten sie.

Ein aufgescheuchter Fasan flatterte wild gackernd vor Kuro-Umas Hufen auf. Susanoo zog die Zügel an und blickte sich um. Er hörte Frösche quaken, und ein Reiher stolzierte gemächlich im Sumpf. Susanoo stieß einen Fluch zwischen den Zähnen hervor. Er hatte die Fährte verloren! Er riß sein Pferd herum und kehrte an den Flußlauf zurück. Es wurde auf einmal kühl, die Sonne sank schnell. Susanoo ritt die Böschung hinunter und trieb Kuro-Uma durch das Wasser. An der gegenüberliegenden Seite glitt er aus dem Sattel und untersuchte den Boden. Plötzlich sah er etwas: einige geknickte Gräser und den kaum sichtbaren Abdruck eines kleinen Fußes. Susanoo warf die Haare aus dem Gesicht und beugte sich über die Spuren, als wolle er sie zwingen, zu ihm zu sprechen. Seine Augen blieben auf den Schlingpflanzen haften. Aufmerksam betrachtete er das grüne Gewirr und zog es auseinander. Er lächelte, als er die abgeschnittenen Ranken sah. Dann ging er zu seinem Pferd zurück und stieg in den Sattel. Stampfend und keuchend bahnte sich der Hengst erneut einen Weg durchs Dickicht. Der schwere, klirrende Harnisch hemmte seine Bewegungen.

Susanoo faßte einen Entschluß. Er hielt an, nahm dem Tier Sattel und Harnisch ab und schwang sich auf den nackten Pferderücken. »So, jetzt kannst du dir das Herz aus dem Leib rennen!«

Er ließ die Zügel des Hengstes locker und verstärkte zugleich den Druck der Schenkel. Die Sonne schimmerte golden; seltsame, perlmutterfarbene Schatten huschten über das Schilf. In regelmäßigen Abständen hielt Susanoo an und lauschte. Die Vögel schwiegen. Das Rauschen des Windes klang leiser als das Pulsieren seines Blutes.

Plötzlich spitzte Kuro-Uma die Ohren. In einiger Entfernung bewegte sich das Gras. Susanoo spürte ein Prickeln auf der Haut. Er beugte sich über den ausgestreckten Hals des Pferdes und zischte: »Paß gut auf, Kuro-Uma! Gleich geht es los!«

Das Mädchen tauchte so plötzlich aus dem Schilf auf, daß der schwarze Hengst einen Sprung zur Seite machte. Sie hielt ein Seil in der Hand, an dessen Ende ein dicker, runder Stein befestigt war. Mit unglaublicher Geschicklichkeit ließ sie das Seil über ihrem Kopf kreisen und zielte auf die Füße des Pferdes.

Susanoo drückte sich an die schweißnasse Flanke und warf das Tier zur Seite. Der Stein schlug hart auf den Boden. Im vollen Galopp wendete der König von Izumo sein Reittier und jagte geradewegs auf das Mädchen zu, doch ohne seinen Bogen zur Hand zu nehmen. Kubichi schlug einen Haken. Susanoo sah ihre weißen Zähne blitzen, als sie erneut kraftvoll das Seil schwang. Der Stein sauste haarscharf an den Vorderfüßen des Hengstes vorbei. Das Schnaufen des Pferdes, das Knacken von zerstampftem Schilf erfüllten die Lichtung.

Wieder ging das Mädchen zum Angriff über. Der kreisende Stein traf mit dumpfen Aufschlag die Brust des Pferdes. Kuro-Uma wieherte vor Schmerz. Er bäumte sich hoch auf. Die Hufe schlugen ins Leere. Kubichi federte zurück und brachte sich mit einem behenden Satz in Sicherheit.

Susanoo riß an den Zügeln. Das Pferd fiel auf die Vorderhufe zurück, daß die Erde bebte, und stürmte in hämmerndem Galopp auf das Mädchen zu. Das Seil kreiste; der Stein flog durch die Luft. Diesmal glückte der Wurf: Zischend wickelte sich das Seil um die Gelenke des Pferdes. Im vollen Lauf gebremst, stürzte der Hengst mit solcher Wucht zu Boden, daß er sich überschlug.

Noch während das Tier stürzte, ließ sich Susanoo zur Seite fallen. Mit der Schulter prallte er auf den Boden, rollte blitzschnell auf einen entwurzelten Baum zu. Er hörte einen dumpfen Aufschlag und sah knapp über sich einen Dolch in der Rinde stecken. Das Pferd wälzte sich mit gefesselten Beinen verzweifelt hin und her.

Susanoo war aufgesprungen. Seine Hand flog an den Köcher; schon lag der Pfeil an der Bogensehne und richtete sich auf das Mädchen. Sie hielt mitten im Lauf an, starrte abwechselnd auf den Pfeil und auf ihren Dolch, der im Baumstamm steckte. Ihre bläulichen Augenlider zuckten;

ihr Atem flog. Schweißtropfen glitzerten auf der hellgoldenen Haut. Plötzlich sah Susanoo, wie ihre Pupillen sich verengten. Sie bückte sich mit katzenhafter Geschmeidigkeit und schleuderte ihm eine Handvoll Sand ins Gesicht. Er blinzelte, senkte überrascht den Bogen, während sie an ihm vorbeirannte und wie ein Schatten ins Dickicht tauchte.

Er streifte den Bogen über die Schulter, zwängte sich hinter ihr durch das Unterholz. In drei Sprüngen hatte er sie eingeholt. Sie schlug einen Haken wie ein Hase, doch er packte sie am Arm und hielt sie fest. Sie griff sofort an, versuchte ihm ihre Daumen in die Augen zu rammen. Er mußte seine ganze Kraft aufbieten, um sie von sich zu halten. Ihre Nägel hinterließen lange, blutige Striemen auf seinem Gesicht. Er vergaß, wie zart und schmal sie eigentlich war; sie hatte Kräfte wie ein Mann und kannte viele Kniffe. Ihre Knie und Ellbogen waren steinhart, und einmal schlug sie ihm mit der flachen Hand derart an die Kehle, daß ihm die Luft wegblieb. Doch während sie kämpften und sich keuchend im Schilf wälzten, spürte er, daß ihre Kräfte langsam nachließen; sie erlahmten mit jedem Atemzug. Es gelang ihm, sie auf den Rücken zu werfen und an den Handgelenken festzuhalten. Zum ersten Mal begegnete er ihrem Blick. Ihre grauen Augen waren feucht wie die eines gefangenen Tieres, und er fühlte, wie sie am ganzen Körper zitterte. Hinter dem Staub, der ihr Gesicht bedeckte, sah er den zarten Flaum ihrer Brauen. Ihr Haar roch nach Wasser und warmer Erde. Er senkte den Blick in ihre Augen und sah das ängstliche Flackern.

Sie bewegte sich nicht, als er ihre Gelenke freigab. Er griff in das Haar, füllte beide Hände mit den weichen Locken. Sein Gesicht näherte sich ihr. Sie starrte ihn an, regungslos und mit angehaltenem Atem. Während er sie küßte, fühlte er, wie sie ihn mit beiden Armen umfaßte. Und dann spürte er zwischen den Schulterblättern eine harte, messerscharfe Spitze und wußte mit einem Mal, wie der Wachtposten gestorben war . . .

Er rührte sich nicht; löste nur sanft die Lippen von den ihren und sagte halblaut: »Stich zu! Es ist ein guter Augenblick, zu sterben ...«

Er sah ihr Gesicht, ihre Lider, die wie Schmetterlingsflügel bebten. Ihr Herz hämmerte gegen seine Brust. Plötzlich stieß sie keuchend den Atem aus: Es klang wie ein unterdrücktes Schluchzen. Ihre Hand öffnete sich. Die Knochensichel fiel zu Boden, während sie die Arme hob, ihr ganzes Gewicht an seinen Hals hängte und ihn zu sich herunterzog.

12

Die Nacht kam schnell. Der Himmel glühte wie Holzkohle, und die dunklen Schatten der Fledermäuse huschten über das Schilf. Susanoo hatte das Pferd befreit und sich vergewissert, daß das verschreckte Tier nicht verletzt war.

Kubichi kauerte stumm im hohen Gras. Mit zitternden Händen zog sie ihr Mieder über die Schultern. In der Dämmerung hatte ihre Haut die Farbe gleißenden Kupfers. »Was nun?« stieß sie plötzlich hervor. »Bin ich jetzt deine Sklavin?«

Er saß vor ihr auf den Fersen und betrachtete sie. Dann ließ er sein leises, rauhes Lachen hören. »Habe ich dich wie eine Sklavin behandelt?«

Sie senkte den Kopf und biß sich auf die Lippen. Das Haar fiel ihr ins Gesicht. Dann sagte sie gepreßt: »Ich hätte dich töten sollen.«

»Was hinderte dich daran?«

Sie schwieg. Die Dunkelheit vertiefte sich. Er stand auf und begann trockene Zweige zu sammeln. Kubichis Blick ließ nicht von ihm ab, während er die Feuersteine schlug und die Glut entfachte.

Plötzlich zerriß lautes Flügelschlagen die Stille. Das

Mädchen hob den Kopf. Ein Geier erhob sich vom Ast eines verdorrten Baumes. Er schlug kräftig mit den Schwingen, bis er in einer aufsteigenden Luftsäule in mächtigen Kreisen aufwärtssegelte.

»Dort oben«, flüsterte Kubichi, »fliegt ein Bote des Himmels.«

Susanoos Blick wanderte zu ihr zurück. Ihr Gesicht drückte Frieden und Ehrfurcht aus. Eine Frage brannte ihm auf den Lippen, doch er sprach sie nicht aus.

Das Mädchen hatte den Kopf wieder gesenkt. Schwermut verdunkelte ihre leise, klare Stimme. »Die Boten des Himmels bringen die Menschen zu den Göttern und schenken ihnen das ewige Leben. Dies ist ihr Land. Es ist auch mein Land. Und solange die Boten des Himmels dort oben kreisen, werden wir hier unten dafür kämpfen.«

Der Geier war nur noch ein schwarzer Punkt am purpurroten Himmel. Susanoo spürte, wie er erschauerte: es mußte der Wind sein. Die Nacht würde sehr kalt werden. Er schürte die Glut.

Kubichis Stimme klang verzweifelt. »Du hast meinen Vater mit dem Zauberschwert getötet. Er opferte sein Leben, um den Mut unseres Volkes zu stärken. Mein Bruder leitet den Widerstand der ›Kotan‹. Ich jedoch habe Verrat begangen ...«

Das Rot des Himmels erlosch. Ein fahler, abnehmender Mond stand schräg über dem Horizont. Der Herbstfrost hatte bereits den Boden gehärtet. Unwillkürlich rückte das Mädchen näher ans Feuer.

»Auch ich habe einmal Verrat begangen«, sagte Susanoo wie beiläufig. Er sah ihr Gesicht im rötlichen Schein der Flammen.

»Dem König gegenüber?«

Er lachte spöttisch auf. Dann wurde sein Gesicht wieder ernst. »Nicht dem König gegenüber. Es war mein Volk und mein eigenes Blut, das ich verriet. Ich wurde bestraft und verbannt. Es ist eine alte Geschichte.«

Sie starrte ihn an. »Und warum sprichst du darüber?«

Er hielt inne, um das Feuer zu schüren, und erwiderte offen ihren Blick. »Nichts ist schlimmer als der Verrat, den man gegen sich selbst verübt. Wer einen Fehler oder eine Ungerechtigkeit begeht und sich dazu bekennt, wird Frieden in seinem Herzen finden, und müßte er den Rest seines Lebens in Ketten verbringen.«

Sie beobachtete unablässig seine Augen. Er wußte, daß die Ainu die Fähigkeit besaßen, das Wesen eines Menschen oder eines Tieres schnell und unfehlbar zu beurteilen.

Dann sagte sie: »Du bist anders als die anderen. Warum kämpfst du mit den ›Sisamu‹ gegen unser Volk?«

Er wandte den Blick zurück in die Flammen. »Ich hatte einen Traum...«

»Was für einen Traum?«

Er erzählte ihn ihr.

Sie senkte den Blick. Er spürte, wie ihr Atem sich beschleunigte. Dann sagte sie nachdenklich: »Träume sind Spiegelbilder der Wirklichkeit und Sprache unserer Seele. War dieser Traum der Anlaß zu kämpfen?«

»Nicht allein. Die Stimme des Orakels forderte mich auf.«

Ihre Schultern bebten, als ob sie fröstelte. »Der Zwang muß sehr mächtig gewesen sein. Wer ist die Frau, die dir das Orakel offenbarte?«

Er sah ihr voll ins Gesicht. »Toyo Hime no Mikoto. Meine Tochter.«

Sie erbebte und rückte vom Feuer ab. Doch er rührte sich nicht. Dann sah er ihre Augen im rötlichen Flammenlicht schimmern und merkte, daß sie weinte. Langsam erhob er sich, ging um die Feuerstelle und trat zu ihr hin. Eine Weile stand er neben ihr, blickte stumm auf sie herab. Sie verharrte regungslos, während er sich vor ihr auf die Fersen niederließ. Eine einzelne Träne hinterließ auf ihrer Wange eine glitzernde Spur. Er hob zärtlich die Hand und fing die Träne auf; sie rollte in seiner Handfläche wie eine goldrosa

Perle, und er erinnerte sich an seinen Traum. Dann fuhr ein Windstoß über die Flammen: Der winzige Tropfen zuckte in tausend Farben und erlosch. Doch er starrte weiterhin auf seine Handfläche und schaute erst wieder auf, als er ihren gepreßten Atem hörte. Er sah das Verstehen auf ihrem Gesicht und den Schatten des Schmerzes, der ihre Augen verdunkelte. Sie neigte den Kopf, so daß ihr Haar fast seine Lippen streifte. Der Wind blies eine Locke – leicht und sanft wie eine Feder – an seine Wange. Er spürte, wie sie fröstelte, öffnete seinen Mantel und hüllte sie darin ein. Dann hielt er sie dicht an sich gepreßt, und sie sprachen nicht und bewegten sich nicht – lange Zeit.

Später fragte sie ihn: »Was hast du vor? Willst du mich nach Tatsuda zurückbringen?«

Er lachte leise und spöttisch. »Ja...«, sagte er. »*Er* erwartet, daß ich das tun werde...«

Der Nachtwind fegte über das Schilf. Er zog den Mantel enger um ihre beiden Körper und streichelte ihr Gesicht.

»... doch wenn er das von mir glaubt, dann kennt er mich schlecht!«

Susanoo erwachte und starrte blinzelnd in das durchsichtige Rot der Morgensonne. Leichter Rauhreif bedeckte die Halme. Alles war in schimmerndes, blitzendes, eisklares Licht getaucht. Er tastete um sich; die Stelle, wo das Mädchen auf seinem Mantel gelegen hatte, war noch warm, aber Kubichi war verschwunden. Er richtete sich auf und machte einige Bewegungen, um seine erstarrten Muskeln zu lockern. Das schwarze Pferd, das in der Nähe der erloschenen Feuerstelle weidete, hob den Kopf. Susanoo trat zu ihm hin, streichelte die samtweichen Nüstern und blickte suchend umher. Plötzlich drang das Geräusch plätschernden Wassers an seine Ohren. Er bahnte sich einen Weg durchs Unterholz. In einer Lichtung inmitten rostroter Büsche hatten unzählige Wasserläufe eine Art Tümpel gebildet. Das Wasser leuchtete in allen Tönen von Blau,

Grün und Purpur. Er drang weiter vor und sah Kubichi. Sie schwamm und drehte sich übermütig im eisigen Wasser, und die Tropfen sprühten regenbogenfarbig auf. Der Tümpel war völlig durchsichtig, und als sie bis auf den sandigen Grund tauchte, sah er ihren Körper wie einen schmalen, kupfernen Speer durch das sonnenglitzernde Naß gleiten. Mit einem kräftigen Schwimmstoß gelangte sie wieder an die Oberfläche. Er stand regungslos, in ihren Anblick versunken. Sie sah ihn, und ihr Lachen stieg klar und klingend in die Luft. Sie hob den Arm und winkte ihn heran. Er lachte ebenfalls, entledigte sich seiner Kleider und warf sich in das eiskalte, aufspritzende Wasser.

Die Sonne stieg höher. Susanoo hatte seine Satteltasche mit Kochgeschirr und Proviant geholt, während Kubichi Reisig sammelte. Bald brannte und knisterte das Feuer. Susanoo bereitete den Tee, und sie aßen Reisklöße. Kubichi hatte im Dickicht einen Kakibaum gefunden, dessen goldrote, überreife Früchte wie Waldhonig auf der Zunge schmolzen. Susanoo ließ das Mädchen nicht aus den Augen. Ihre kleinen Zähne blitzten, wenn sie lachte. Ihr Haar trocknete in der Sonne und fiel in einer ungezähmten Flut weicher Locken herab; ein rötlicher Schimmer glomm auf dem Schwarz. Unter der blauen Tätowierung glänzten ihre mandelförmigen Augen, und die hohen Wangenknochen betonten ihre leichte Schrägstellung. Ihre Pupillen schienen immer ein wenig von der Seite zu blicken, und die Wimpern wölbten sich außergewöhnlich stark, sobald sie die Lider senkte. In ihrem ganzen Wesen lag ein Ausdruck von Sanftheit, doch waren ihre geschmeidigen Bewegungen, ihre wachsamen Augen von verhaltener, geheimnisvoller Wildheit, und diese Zwiespältigkeit übte einen unwiderstehlichen Reiz aus.

Leise sagte er: »Ich liebe dich.«

Ihr Lachen erlosch. Ihr Blick flog über sein Gesicht, und sie seufzte. »Als ich merkte, daß du es warst, der mich verfolgte, habe ich alles getan, um meine Fährte zu verwischen. Mein Herz flatterte wie ein verwirrter Vogel in meiner Brust, und ich konnte mir dieses Gefühl nicht erklären. Jetzt weiß ich, daß ich mich nicht vor dir, sondern vor mir selbst fürchtete ...«

Ihre Stimme versagte; sie hob beide Hände vors Gesicht.

Er sah sie lange schweigend an: der Schatten, der aus seinen dunklen Augen schoß, war unendlich zärtlich. Dann hob ein tiefer Atemzug seine Brust. Er sagte: »Ich bitte dich, mit mir nach Izumo zu kommen und an meiner Seite zu herrschen.«

Ihre Hände sanken herab. Jetzt war Entsetzen in ihrem Blick zu lesen. »Du willst, daß ich deine Gemahlin werde?«

»Warum denn nicht?« fragte er gelassen.

Wieder erschien der Ausdruck eines gehetzten Tieres auf ihrem Gesicht. »Das ist unmöglich! Mir ist versagt, einem Mann, der nicht meinem Volk angehört, als Gattin zu folgen.«

»Erkläre mir den Grund«, sagte er.

Sie zitterte so stark, daß er das Verlangen, sie in die Arme zu schließen, überwinden mußte. Er fühlte, daß sie jetzt keine Berührung geduldet hätte.

»Du kennst unsere Sitten nicht«, flüsterte sie erregt. »Du weißt nichts von unseren Göttern, unseren Riten. Du würdest dich durch einen Eid binden müssen, und kein Mensch eines anderen Volkes hat je den Mut dazu aufgebracht ...«

Susanoo dachte an Nagasume Tomi. Er hatte zwar das Leben der Ainu geteilt, aber keine ihrer Frauen geheiratet. Warum wohl nicht?

Er versuchte, seine Unruhe zu beherrschen, und sagte langsam und eindringlich: »Einiges ist mir schon über dein Volk bekannt, aber es ist nicht ausreichend. Würdest du bereit sein, mich zu unterweisen?«

Sie holte tief Atem. Ihr Gesicht entspannte sich; der befangene Ausdruck verschwand aus ihren Augen. »Ich bin Priesterin der Bären«, begann sie. »Die Dinge, die ich dir jetzt mitteilen werde, sind geheim. Die Sprache der Götter ist wie feuriges Licht in den Augen der Menschen, und viele können den Schmerz nicht ertragen. Aber dein Herz ist stark genug, um an einem Wissen teilzuhaben, das der Himmel unseren Ahnen übermittelte.«

Er spürte bei ihren Worten einen kalten Schauer auf seiner Haut. Doch er preßte die Lippen zusammen und schwieg. Ihr Gesicht hatte jetzt einen stolzen, fast abweisenden Ausdruck, während ihre Stimme sanft und klar tönte.

»Unsere Ahnen stammen vom großen Stern des Nordens, in der Achse des Himmlischen Bären. Eines Tages sahen die Götter auf die Welt herunter und erblickten ein Mädchen, das zwischen zwei Strohhütten stand. Das Mädchen wußte nicht, daß es beobachtet wurde. Sie kämmte ihr Haar, und alle Götter waren von ihrer Schönheit entzückt. Einer der Götter, Kana-Kamu, der ›Herr des Donners‹, beugte sich so weit nach vorn, daß er auf die Erde fiel. Er stürzte auf die Hütten, die beide verbrannten. Nur zwei Bäume blieben übrig, die sich in zwei Prinzessinnen verwandelten: Chiki-Sanni und Atoni. Sie wurden beide schwanger und schenkten zwei Knaben das Leben: der erste hieß Oina-Kamui, der zweite Ponyambe. Das Antlitz des ersten war rot, das Antlitz des zweiten weiß. Aus ihnen ging später das Volk der Aiu-Utari hervor.

Es lebte eine Prinzessin in diesem Land. Ihr Name war Yoichi, und sie war von überragender Schönheit. Und Ponyambe sprach: ›Ich will diese Prinzessin zur Frau gewinnen.‹ Er stieg als Feuersäule aus den Wolken und nahm die Gestalt eines Mannes an. Als er aber in Yoichis Haus kam, waren schon sechs Männer vor ihm in ihrem Haus gewesen, und sie hatte mit allen sechs ihren Reis geteilt. Sie wollte auch Ponyambe von dem Reis geben, aber als sie den Ring sah, den er am Finger trug, wußte sie, daß er ein Gott war. Sie wurde seine Frau und gebar ihm zehn Kinder, fünf Mädchen und fünf Knaben, die Ahnen der Aiu-Utari.

Als Ponyambe im Sterben lag, sprach er: ›Als ich menschliche Gestalt annahm, verlor ich die Kraft, in den Himmel zurückzukehren, wo meine Brüder und Schwestern, die Götter des Nordsterns, auf mich warten.‹

Yoichi sprach: ›Gräme dich nicht, mein Gatte! Ich werde die heiligen Vögel rufen, und sie werden dich im hohen Flug in den Himmel geleiten.‹

Ponyambe schloß friedlich die Augen. Und als er gestorben war, rief Yoichi die Boten des Himmels und befahl ihnen, den Leichnam ihres Gatten zu den Göttern zu tragen. Die Vögel gehorchten. Und Yoichi sprach: ›Fürwahr, es ist ein Glück, daß mein geliebter Gatte die Seligkeit erlangt und wieder zu seinen Ahnen zurückgefunden hat! So sollen alle meine Kinder, die eine Spur des göttlichen Blutes in sich tragen, nach ihrem Tod in ihre himmlische Heimat zurückkehren.‹

Sie rief die heiligen Vögel zu sich und sprach: ›Wo immer ein Kind der Aiu-Utari sein irdisches Dasein beendet, versammelt euch um sein Lager und tragt seinen Leichnam zu den Göttern.‹ Die Vögel versprachen es.

Dann kam die Zeit, wo auch Yoichi im Sterben lag. Sie rief die heiligen Bären zu sich, die das Zeichen des Mondes trugen, und sprach zu ihnen: ›Ihr Bären, schützt die Aiu-Utari, wenn sie von Feinden bedroht werden.‹ Die Bären versprachen es.

Dann rief sie die heiligen Vögel und sprach zu ihnen: ›Ihr Boten des Himmels, wenn ich gestorben bin, tragt meinen Leichnam zum Nordstern hinauf, wo mein lieber Gatte mich erwartet. Er wird mir einen Kamm aus Mondstein und ein Kleid aus Sternenstaub schenken.‹

Yoichi starb, und die Vögel trugen sie in den Himmel. Zehnmal tausend Jahre sind seit ihrem Tod vergangen, aber die Kinder der Aiu-Utari haben sich ihre heiligen Vorrechte bis zum heutigen Tag bewahrt ...«

Kubichi verstummte. Susanoo starrte sie an. Ihre Stirn war klar und glatt, und in ihren Augen schimmerte ein ruhiger Stolz. Langsam kam ihm die Bedeutung ihrer Worte zu Bewußtsein. »Willst du damit sagen, daß die Aiu-Utari ihre Verstorbenen den Geiern ausliefern?«

Sie nickte. »Ja. Wir lassen es nicht zu, daß unsere Toten begraben werden. Wir tragen sie, in ein weißes Leinentuch gehüllt, auf den Nordhang des ›Kunne-Iomante‹, den Berg der Bären. Dort betten wir sie auf ein Lager aus Zweiggeflecht und überlassen sie den Boten des Himmels. Der Ritus schreibt vor, daß die Angehörigen bei den Toten bleiben müssen, bis die heiligen Vögel ihr Werk vollendet haben.«

Seine Hände wurden kalt, und er empfand wider Willen ein Grauen. An ihren flackernden Augen merkte er, daß ihr seine Gefühle nicht verborgen blieben.

Ihre Stimme ging in hastiges Flüstern über. »Hör mir gut zu. Wenn du mich zu deiner Gattin erwählst, müssen wir unser Blut mischen. Nur in einer mondlosen Nacht, wenn der Stern des Nordens leuchtet, kann eine Priesterin die heiligen Worte sprechen, die aus uns ein einziges Wesen machen. Ein jeder von uns muß den Eid ablegen, seinen zuerst gestorbenen Gatten den Vögeln des Himmels zu übergeben ...«

Sein Herz schlug heftig. Die Wahl war schwer, die er zu treffen hatte. Aber es war nicht die erste Wahl in seinem Leben. »Und wenn ich mich weigern würde, diesen Eid abzulegen?«

Sie lächelte traurig. »Dann würdest du mir das Glück verwehren, nach dem Tod in meine himmlische Heimat zurückzukehren ...«

Er schwieg.

Ihre Stimme klang gepreßt. »Diese Riten sind Bestandteil unseres Lebens. Auch war ich schon bei meiner Geburt dazu auserwählt, die Bären anzuführen. Es ist immer das Vorrecht der erstgeborenen Tochter des ›Porunnesipa‹, des Häuptlings aller Häuptlinge, gewesen, diese Aufgabe zu erfüllen. Gleich nach meiner Geburt brachte mich meine Mutter auf den Kunne-Iomante, den heiligen Berg, wo Emekka, die Bärenpriesterin, mich in ihre Obhut nahm. Ich wurde von einer Bärin zusammen mit ihren Jungen gesäugt. Ich vermag alles über diese Tiere, denn sie kennen den Geruch meiner Haut und betrachten mich als eine der Ihren.«

Er blieb weiterhin stumm.

Ihre Lippen wurden weiß, und der flackernde Ausdruck erschien wieder in ihren Augen. »Außer dir hat noch niemals ein Fremder davon Kenntnis erhalten. Ich weiß, daß ich dich jetzt verlieren werde, denn kein Mensch einer anderen Rasse kann unsere Gefühle verstehen und unsere Riten achten. Doch ich weiß auch, daß ich mit keinem anderen außer dir den heiligen Eid teilen möchte. Du aber wirst mich mit Abscheu von dir stoßen ...« Mit zitternden Händen löste sie die Knochensichel von ihrem Hals und reichte sie ihm. »Ich liebe dich mehr als mein Leben. Bevor du mich verläßt, nimm diese Waffe und bereite meinem Leid ein Ende. Doch bitte ich dich, begrabe mich nicht. Die heiligen Vögel sind nahe. Sie werden mich finden und mich zu meinen Vorfahren in den Himmel geleiten ...«

Ihr klares, goldenes Gesicht war jetzt starr wie eine Maske. Unter den blauschimmernden Lidern blickten die Augen ins Sonnenlicht, und sie schien ihn nicht mehr zu sehen.

»Ich sage dir, daß ich dich liebe und dich zur Gemahlin wünsche.« Susanoos Stimme klang sanft. »Die Götter mögen mit verschiedenen Zungen sprechen, die Herzen der Menschen aber verstehen ihre Botschaft.« Er erhob sich, ging um die verglimmende Feuerstelle und nahm ihr den Schmuck aus der Hand. Eine Weile betrachtete er nachdenklich die mattschimmernde Sichel. Dann sprach er: »Sage mir, was jetzt geschehen soll. Ich bin bereit, den Eid mit dir abzulegen.«

Sie kniete aufrecht und regungslos vor ihm, doch ihre

Augen waren ungeheuer groß geworden. Sie atmete stokkend, und als er sich zu ihr beugte und sie in die Arme schloß, drückte sie wie in tiefer Erschöpfung die Stirn an seine Schulter. Dann sagte sie mit leiser, bebender Stimme: »Wir müssen uns auf den Weg machen und den Kunne-Iomante besteigen, um Emekka, die Bärenpriesterin, aufzusuchen. Sie ist meine Großmutter. Sie wird die Riten an uns vollziehen.«

Er hielt sie schweigend in den Armen. Plötzlich fiel sein Blick auf die Knochensichel in seiner Hand, und er lachte kurz auf. »Beinahe hätte ich etwas vergessen! Überlasse mir deinen Schmuck! Ich brauche ihn ...« Er näherte sich dem angepflockten Pferd und band es los.

Erstaunt sah Kubichi zu, wie er die Sichel mit Hilfe der Lederbänder an die Mähne des Hengstes knotete. »Und was bedeutet das?« fragte sie verwundert.

»Ich muß Seiner sehr nervösen Majestät eine Nachricht zukommen lassen, sonst verlieren morgen bei Tagesanbruch zwanzig Männer ihre Köpfe!«

Er gab dem Pferd einen Schlag auf die Hinterhand. Kuro-Uma schnaubte erregt und sprang zur Seite. Susanoo nahm einige Steine auf und warf sie nach dem Tier. »Vorwärts!« befahl er. »Lauf zurück nach Tatsuda!«

Kuro-Uma blähte die Nüstern. Er überquerte die Lichtung mit dumpfen Hufschlägen. Susanoo schleuderte ihm noch einen Stein nach. Kuro-Uma wurde schneller. Einen Augenblick noch lief er unschlüssig im Kreis. Dann verfiel er in Galopp; mit wehender Mähne bog er in das Schilfmeer ein, das sich knackend vor ihm teilte. Ein aufgeregter Vogelschwarm schwirrte vor seinen Hufen auf und kreiste im grellen Licht. Der schwarze Hengst schien in seiner Luftspiegelung zu fliegen. Er wurde immer kleiner, unscheinbarer, geisterhafter, bis er im flimmernden Dunst verschwand.

Als das Schlagen der Hufe verklungen war, legte Susanoo den Arm um die Schultern seiner Gefährtin und brach in ungestümes Lachen aus. »Seine Allerhöchste Majestät wird die Botschaft verstehen! Komm, laß uns ein Floß bauen und den Wasserlauf hinunterfahren!«

13

Sie hatten das Floß aus geflochtenem Schilf sorgfältig mit Lehm abgedichtet. Zwei geschnitzte Äste dienten ihnen als Paddel. Die Strömung war gleichmäßig, und sie kamen schnell vorwärts. Die Luft flimmerte golden, und die Lichtreflexe des Wassers tanzten auf dem Bambus. Dann veränderte sich die Landschaft. Das Schilf ging in Laub- und Nadelwälder über. Die Büsche leuchteten karminrot und kupfern, und darüber ragten hohe, dunkle Tannen. Die Gegend wurde felsig. Dicht bewachsene Kuppen, Überreste erloschener Vulkane, dehnten ihre Schatten über die Lichtungen.

»Nicht alle Vulkane sind tot«, sagte Kubichi. Auf den Hängen des Kunne-Iomante spürt man noch deutlich den Atem des unterirdischen Feuers. Eines Tages wird der Berg aus tausendjährigem Schlaf erwachen und seine Glutströme in den Himmel schleudern. Das wird das Ende der Aiu-Utari sein.«

»Warum ist euch dieser Berg heilig?« fragte Susanoo.

»Auf ihm stand das Haus, in dem die Prinzessin Yoichi wohnte. Von seinem Gipfel aus steigen die Boten des Himmels in einer Luftsäule geradewegs zum Nordstern empor.«

Die Zeit verstrich; schon versank die Sonne hinter den Bäumen. Ihre Stämme leuchteten korallenrot, und das Laub warf goldene Funken. Kühle Schatten glitten über das Wasser, das abwechselnd aufglänzte und sich wieder verdunkelte. Plötzlich, an einer Flußbiegung, hob Kubichi ihr Paddel aus dem Wasser und wies auf einen schlanken, fast unwirklich ebenmäßigen Kegel, der sich inmitten der Wälder zum Himmel aufschwang. »Der Kunne-Iomante!«

Die Hänge des Berges waren schon in Schatten getaucht, und eine rötliche Dunstkrone verhüllte den Gipfel. Trotz seiner scharfen Augen vermochte Susanoo nicht zu erkennen, ob es Rauch oder Gewölk war.

»Wir werden den Berg noch in dieser Nacht erreichen«, sagte Kubichi. Ihre Augen schweiften über den Himmel. »Die Nacht wird klar. Der Mond geht gleich unter, und die Sterne scheinen hell. Die Götter werden uns sehen!«

Sie paddelten weiter. Das Wasser plätscherte leise; die Vögel schwiegen. Es war der Augenblick der Stille, wo die Dämmerung ihr Nahen ankündigt und die blutrote Sonne am Himmelssaum verweilt, bevor sie dem Schatten der Nacht weicht. Susanoo sah den Berg langsam aus der saphirblauen Dämmerung emporwachsen; seine Hänge hatten jetzt die Farbe glühendroter Asche. Er fühlte sich auf der Schwelle zu einer gänzlich fremden und doch seltsam vertrauten Welt und überließ sich ohne Verwunderung dem ebenso dunklen wie unwiderstehlichen Trieb, der ihn dieser anderen Welt entgegenführte.

Die Sonne sank tiefer. Der fast schwarze Horizont schien die flimmernde Scheibe aufzusaugen. Kälte drang aus dem Wasser, das glatt und schwarz wie Obsidian unter den Bäumen schimmerte. Die Nacht brach schnell herein. Nur auf dem Gipfel des Kunne-Iomante strömte wie aus einer geheimnisvollen Quelle das rötliche Licht.

»Bald verengt sich der Flußlauf«, sagte Kubichi. »Wir müssen hier an Land gehen.«

Ihre Stimme hatte den gleichen leisen, klaren Klang, doch eine eigentümliche Kraft ging von ihr aus. Sie schien ein Wissen zu besitzen, das völlig außerhalb menschlicher Vorstellungen lag.

Sie paddelten ans Ufer und befestigten das Floß an einem Stein. Dann machten sie sich auf den Weg durch den Wald. Kubichi ging mit ihren geschmeidigen, lautlosen Schritten vor ihm her. Der grasbewachsene Boden federte unter ihren Füßen, und auf den Ästen saßen wie schwarze Kugeln schlafende Vögel. Ein Fuchs glitt wie ein kupferner Schatten über das Moos. Später jagte ein Reh mit weichen, geräuschlosen Sprüngen den Hang hinauf, und eine Eule schwang sich lautlos aus dem Dickicht empor. Überall hörte und spürte man die Tiere in ihrer ungezwungenen Natürlichkeit leben. Es war, als ob sie die beiden Menschen als Wesen betrachteten, die ebenso vertraut mit den Geheimnissen der Natur waren wie sie selbst. Susanoo fragte sich, ob Kubichi, die mit ihren kleinen, nackten Füßen den Boden kaum zu berühren schien, diesen Zauber auslöste.

Plötzlich blieb sie stehen. Er konnte ihr Gesicht nicht sehen, aber ihre Stimme klang ernst. »Es ist besser, wenn du dich deiner Waffen entledigst.«

Er ließ Bogen und Köcher von seiner Schulter gleiten und hängte sie an einen Baum. Nachdem er sich die Stelle eingeprägt hatte, folgte er wieder dem Ainu-Mädchen. Der Pfad stieg ständig an. Als er in einer Waldlichtung den Blick hob, sah er am schwarzen Himmel die Sterne wie weißglühende Kohlen leuchten; ihr Schimmer ließ die Umrisse der Felsen, die den Sockel des Berges bildeten, deutlich hervortreten. Fichten und Tannen hoben sich gegen den Nachthimmel ab. Es wurde immer dunkler. Susanoo hatte das Gefühl, durch einen schwarzen Abgrund zu wandern. Kubichi schritt ohne zu zögern vorwärts; sie bewegte sich in der Finsternis so sicher und behende wie am hellichten Tag.

Sie mußte spüren, daß er ihr kaum folgen konnte, denn sie wandte sich um und nahm seine Hand. Er sah den weißen Schimmer ihrer Augen. Ihre Finger waren warm und zitterten leicht in seiner Hand; er mußte an einen gefangenen Vogel denken. Sie führte ihn an einer Schlucht vorbei, die wie ein stockfinsterer Spalt im Erdboden klaffte, bahnte ihm einen Weg durch ein Dickicht, das undurchdringlich schien. Hier und da hielt sie an, sog die Luft ein und lauschte. Unerwartet blieb sie stehen. Sie horchte aufmerksam einige Atemzüge lang, stellte die Windrichtung fest und flüsterte ihm zu: »Warte hier, aber rühr dich nicht! Geh erst weiter, wenn ich dich rufe!«

Sie ließ seine Hand los, tauchte in den Schatten der Tannen und wurde augenblicklich von der Finsternis verschluckt. Er stand allein in einem Labyrinth aus Zweigen und Gestrüpp und spürte, wie seine Handflächen schwitzten. Einige Augenblicke vergingen. Er lauschte verstört seinen eigenen Atemzügen. Mit einem Mal knackte vor ihm das Unterholz. Eine gewaltige Masse, schwärzer als die Nacht, kam aus dem Dickicht hervor. Scharfer, beißender Geruch schlug ihm entgegen. Unwillkürlich wich er zurück. Seine Hand wollte nach Pfeil und Bogen greifen, doch er erinnerte sich zugleich, daß er unbewaffnet war...

Der Bär wiegte sich schwerfällig hin und her und knurrte drohend. Susanoo stand wie versteinert. Eine seltsame Erstarrung lähmte seine Gedanken... und mit einem Mal sah er Kubichi. Sie lehnte sich gegen die breite Schulter des Tieres. Eine ihrer Hände wühlte in seinem struppigen Fell. Lautlos, geschmeidig, richtete der Bär sich auf. Er öffnete den Rachen; die Reißzähne blitzten wie scharfe Klingen. Kubichi glitt blitzschnell unter der Vordertatze hindurch, stemmte sich gegen die Brust des Tieres. Leise sprach sie zu ihm in einem liebevollen Singsang. Das Knurren verstummte nach und nach. Die Vordertatzen des Bären senkten sich langsam wieder auf den Boden. Kubichi umfaßte seine Schultern. Sie griff in sein dickes Fell und zauste ihn. Dann strich sie ihm mit der Fingerspitze leicht und zärtlich über die Stirn zwischen den Augen. Der Bär senkte den Kopf.

»Komm jetzt näher«, sagte Kubichi mit heller, sorgloser Stimme.

Susanoo preßte die Kiefer zusammen und machte ein paar Schritte vorwärts. Der Bär krümmte mißtrauisch den Rücken; seine Tatzen scharrten angriffslustig den Boden. Seine Nase war feucht, und die perlschwarzen Augen funkelten im Sternenlicht. Ein ätzender Gestank ging von ihm aus.

»Gib mir deine Hand«, sagte Kubichi.

Er streckte sie ihr hin. Sie legte sie an den Hals des Bären, genau auf den weißen Fellkranz. Und während er seine Finger in das warme, stinkende Fell grub, redete Kubichi unentwegt mit der gleichen ruhigen und singenden Stimme in einer unbekannten Sprache auf das Tier ein.

Dann sagte sie: »Streiche ihm über die Brust!«

Auch das tat er. Der Bär bewegte den Kopf hin und her: die Liebkosung schien ihm zu gefallen. Susanoo spürte unter seiner Hand die harten Muskelstränge. Mit einem Mal richtete sich der Bär halb auf, setzte sich auf die Hinterbeine wie ein zutraulicher Hund. Er schien gutmütig zu blinzeln. Susanoo blickte auf die gewaltigen Vordertatzen, die spielerisch ihre Krallen ausstreckten und einzogen. Das Angstgefühl wich langsam; irgendwie spürte er, daß seine wiedergewonnene Ruhe sich auch auf das Tier übertrug. Der Bär, der jede seiner Bewegungen aufmerksam verfolgte, schloß jetzt halb die Augen, kreuzte seine mächtigen Vorderpranken und blieb unbeweglich sitzen. Ein behagliches Brummen drang aus seiner Kehle.

Kubichi ließ ein zufriedenes Lachen hören. »Jetzt kennt er dich ... und er wird es den anderen mitteilen!«

Sie stieß einen kleinen, schrillen Pfiff aus. Augenblicklich fiel der Bär auf seine Tatzen zurück und verschwand lautlos in der Nacht. Kubichis silberhelles Lachen ertönte in der Dunkelheit. »Komm ... jetzt hast du nichts mehr zu befürchten!«

Sie ergriff seine Hand, und er folgte ihr schweigend. Es war nicht mehr die Angst, die sein Herz schneller schlagen ließ, sondern die überwältigende Erkenntnis, daß er durch Kubichis Vermittlung die überlieferten Schranken durchbrochen hatte. Das uralte Gesetz, das den Menschen zum Herrscher über das Tier erhebt, hatte hier seine Gültigkeit verloren: Beide befanden sich Seite an Seite als ein Teil der unendlichen Schöpfung.

Die Tannen lichteten sich; das Moos verlor sich unter ihren Füßen. Sie stiegen über schwarze, fast spiegelglatte Basaltblöcke. Die Nacht war wie kaltes, dunkles Wasser, und der Silberstrom der Milchstraße schwang sich über die ganze Breite des Himmels. Plötzlich flackerte rötliches Licht durch die Finsternis. Es kam von einem Feuer, das unter einem Felsvorsprung brannte. Hinter dem Feuer kauerte eine Gestalt, die sich jetzt langsam aufrichtete. Es war eine alte Frau; sie trug ein grob gewebtes weißes Gewand. Der Wind spielte in ihrem grauen Haar, das über ihre Schultern herabfiel. Das abgezehrte, blutleere Gesicht schien kaum noch fähig, eine Gefühlsregung auszudrücken, dennoch war es eigenartig schön: Die rissige Haut spannte sich wie eine Ledermaske über die edel geformten Knochen. Die gleiche Tätowierung, die auch Kubichi trug, verlängerte die Augen bis zu den Schläfen, doch die Lider hatten den schillernden Glanz verloren und glichen den verblichenen Flügeln eines Nachtfalters.

Kubichi grüßte ehrfurchtsvoll, indem sie ihre Hand zuerst an die Stirn, dann an ihr Herz legte. Die Frau erwiderte ihren Gruß. Dann richtete sie die Augen auf Susanoo; ihm war, als dringe der ruhige, kühle Blick bis in die Tiefe seiner Seele. Die Stimme, die er jetzt hörte, war dunkel und rauh wie das Echo einer bronzenen Tempelglocke.

»Ich bin Emekka, die Hüterin dieses Berges. Friede sei mit dir, König von Izumo. Tritt näher an das Feuer heran, denn die Nacht ist kalt.«

Susanoo verbarg sein Erstaunen. Er dankte der Frau, ließ sich an der Feuerstelle nieder und hielt die Hände über die wärmende Holzkohle. Emekka zog ein Tuch über ihre knochigen Arme und hustete. Sie hockte sich auf die Steine, warf eine Handvoll Reisig in das Feuer und schürte die Glut.

Plötzlich trug der Wind Susanoo wieder die scharfe Ausdünstung zu. Er zwang sich, unbeweglich sitzen zu bleiben, und heftete den Blick auf den Bären, der langsam aus der Finsternis kam. Das Tier hatte noch nicht seine volle Größe erreicht und brummte leise. Sein Fell schimmerte rötlich im Feuerschein, und seine Tatzen federten auf dem Boden. Emekka stieß einen zischenden Laut aus. Der Bär wich Schritt für Schritt zurück und verschwand hinter einem Felsen.

»Sie haben ihre Schlupfwinkel«, sagte Emekka gleichmütig. »Bald werden sie ihren Winterschlaf antreten.«

Susanoo holte tief Atem. »Woher weißt du, wer ich bin?«

Die Frau hantierte gelassen mit einigen Geräten. »Heute nacht, als der Nordstern über dem Gipfel stand, befragte ich Kubichis Geist. Und Kubichi gab mir Antwort. Ich weiß auch, mit welcher Absicht du gekommen bist.«

»Ich nehme die Verpflichtung auf mich«, sagte Susanoo, »und stehe mit ganzem Herzen für sie ein.«

Die Priesterin sah ihm voll ins Gesicht. »Ich glaube dir. Dein Wille und deine Seele sind stark. Aber es gibt Dinge, die schwer zu begreifen sind für Menschen, die nicht in diesem Glauben geboren wurden. Wirst du die Kraft haben, den Göttern ins Angesicht zu schauen?«

»Ja«, sagte Susanoo schlicht.

Die dunklen, glanzlosen Pupillen ließen nicht von ihm ab. »Wir sind ein altes Volk«, sagte sie. »Vielleicht das älteste Volk der Erde. Wir leben nach der Schöpfungsordnung einer versunkenen Welt, von der sich der Mensch in den Jahrtausenden seiner Entwicklung gelöst hat. Würdest du bereit sein, dich dieser Ordnung zu unterwerfen?«

»Ja«, wiederholte er.

Sie wiegte sich leicht in den Knien und begann in merkwürdigem Rhythmus ein Gedicht aufzusagen:

»Zu Beginn der Zeiten
Gab es keinen Unterschied
Zwischen Mensch und Tier.
Alle Kreaturen lebten auf Erden.
Ein Mensch konnte sich in ein Tier verwandeln,
Wenn er es wünschte.
Und ein Tier konnte zu einem Menschen werden.
Es gab keinen Unterschied.
Alle sprachen die gleiche Sprache.
Denn die Worte waren magisch,
Der Geist besaß die Kräfte des Alls,
Und die Worte wurden lebendig . . .«

Die alte Frau verstummte so plötzlich, daß Susanoo eine schmerzliche, fast unerträgliche Leere verspürte. Emekka sah regungslos in die Glut.

»Diese Worte«, fragte er, »woher kennst du sie?«

»Ich entnahm sie für dich der Sprache unseres Volkes.« Sie warf ihm einen eigenartigen Blick zu. Ihre Lider bebten wie Nachtfalter im Licht. Dann sprach sie: »Einst hast du ein Tier für deine Zwecke mißbraucht und es aus Rache getötet.«

»Ja«, sagte er ruhig. »Ich trage den Fluch auf meinem Gesicht.«

»Dennoch«, fuhr sie fort, »hat dir die Gottheit verziehen, denn du bist im Besitz der heiligen ›Tama-Steine‹, des Symbols des Paktes mit dem Tierreich.«

Er starrte sie an. Woher nahm sie wohl ihr Wissen? Sie schien sein Erstaunen zu spüren, denn sie lächelte rätselhaft. Dann füllte sie dampfenden Gerstenbrei in zwei Kürbisschalen und reichte sie ihren Gästen. Sie aßen schweigend und tranken Quellwasser dazu. Dann nahm Emekka die Gefäße wieder zurück und spülte sie mit klarem Wasser. Als sie fertig war, erhob sie sich mit leichter, federnder Bewegung. »Bist du bereit?« fragte sie Susanoo.

»Ja.«

»Dann komm!«

Er folgte der Alten und fühlte die Kälte auf seiner Haut, als sie die Feuerstelle verließen. Er sah einen anderen Bären, der zusammengerollt in einer Felsnische lag, doch es gelang ihm, ohne zu zögern daran vorbeizugehen. Die Frau hielt den Rücken gebeugt, und sie setzte ihre Füße leicht einwärts. Ihr Gang war völlig geräuschlos. Sie schritten über den Basalthang, der in sanfter Wölbung zum Gipfel führte. Kein Baum wuchs hier, kein Strauch. Susanoo hatte das Gefühl, in einem riesigen, schwarzen Raum zu wandern, dessen Wände der Himmel selbst war und dessen Decke bis zu den glitzernden Sternen emporstieg.

Plötzlich blieb er überrascht stehen: Unter seinen Füßen fühlten sich die Steine warm an. Er suchte Kubichis Blick.

»Das Feuer der Erde«, flüsterte sie.

Der Wind, der heulend über die Bergflanke fegte, trug ihm einen seltsamen Geruch von Fäulnis entgegen. Schwefel, dachte er. Der Boden wurde immer wärmer; er spürte eine leichte Erschütterung und blieb abermals stehen.

»Es ist nur der Pulsschlag des Berges«, sagte Kubichi. Sie lächelte, aber ihre Augen flackerten unruhig. Wortlos schritt er weiter.

Plötzlich hielt Emekka an. Sie stand vor ihm in der Finsternis und deutete auf etwas, das er nicht sehen konnte.

»Geh weiter voran und blicke dich um«, sprach sie. »Und dann befrage dein Herz.«

Er warf einen Blick auf Kubichi, doch sie sah zu Boden. Ihre Zähne gruben sich in die Unterlippe. Sie hat Angst, dachte er. Aber warum? Und er begriff, daß sie sich nicht vor dem fürchtete, was ihn oben auf dem Berg erwartete, sondern vor seiner Entscheidung.

Er wandte sich ab und schritt den Hang hinauf. Aus dem Boden, der glatt und schmiegsam unter seinen Füßen lag, stieg ein kaum merkbares Pochen und Vibrieren. Er hatte das Gefühl, über einen warmen, lebendigen Körper zu wandern. Der Vulkan schlief, aber er atmete und regte sich wie ein schlummernder Gigant im Schlaf. Und eines Tages würde er erwachen ... »Das wird das Ende der Aiu-Utari sein«, hatte Kubichi gesagt.

Mit einem Mal blieb sein Blick an einem merkwürdigen Gerüst haften, das sich vor ihm in der Dunkelheit erhob. Er trat langsam darauf zu. Als er näher kam, sah er ein zweites Gerüst, dann ein drittes. Sie waren über den ganzen Vulkanhang verstreut bis zu dem senkrecht abfallenden, dunklen Kraterschlund. Alle hatten dieselbe merkwürdige Form, die zugleich an eine Bahre und an einen Nachen erinnerte.

Susanoo zog sich langsam an den Steinen hoch. Eine nie gekannte Furcht schnürte ihm die Kehle zu. Die Gerüste waren in kurzen Abständen voneinander aufgestellt. Vor jedem stand eine kleine Urne aus Ton. Ein fader, süßlicher Geruch mischte sich jetzt in die Schwefelausdünstung. Unter Aufbietung seiner ganzen Willenskraft setzte Susanoo seinen Aufstieg fort. Jetzt war er nur noch wenige Schritte von dem ersten Gerüst entfernt. Er spürte, wie sein Herz hämmerte. Noch einen Schritt ... dann noch einen ... Ein Tuchfetzen hing aus dem Holzgeflecht. Das weiße Leinen war über und über mit dunklen Flecken bespritzt. Er hielt sich die Hand vor den Mund. Dann nahm er seinen ganzen Mut zusammen, beugte sich über das Gerüst und blickte hinein.

Fünf Jahre war es jetzt her, daß er die »Sperbermenschen« gegen seine Heimatstadt Amôda angeführt hatte. Er hatte seine sterbende Schwester in den Armen gehalten. Er hatte den Tod vieler Menschen miterlebt oder selbst verursacht, hatte Folter und Verbannung ertragen und dennoch Haltung bewahrt. Jetzt aber wandte er sich ab, schweißüberströmt und schaudernd, und Tränen flossen aus seinen Augen. Er wußte nicht, wie lange er so dastand, unfähig, sich zu rühren. Dann hob er die Augen; genau über dem Krater stand das Sternbild des »himmlischen Bären«, und in seiner Achse glühte wie eine weiße Fackel der Nordstern. Der Krieg ist das Werkzeug der Mächtigen, dachte er bitter; er ist aber zugleich auch Verneinung des Lebens und Mißachtung der menschlichen Kreatur. Die Wahrzeichen des Kampfes sind weder Ehre noch Ruhm, sondern eingetrocknetes Blut, zerfleischte Körper, verstreute Knochen. Doch alle, die hier ruhen, starben mit der Gewißheit, in ihrer himmlischen Heimat den ewigen Frieden zu erlangen ...

Er wischte sich mit dem Handrücken den Schweiß von der Stirn. Wenn er sich dem Ritual unterzog, wurde er Ainu. Dieser Schritt war nicht rückgängig zu machen. Nachdem er die Weihe unter dem »himmlischen Bären« empfangen und sein Blut mit dem einer Ainu-Frau vermischt hatte, würde er sich einem Gesetz beugen müssen, das in den ersten Zeiten der Menschheit seinen Ursprung nahm. Er erforschte sich; befragte Herz und Verstand, ob sie dazu willig waren, und beide gaben ihm die Antwort. Ein Seufzer hob seine Brust. Es gibt viele Wege, dachte er, die zu den Göttern führen ... Er verließ die Totenstätte und stieg den Hang hinunter. Der eiskalte Herbstwind trocknete den Schweiß an seinem Körper, doch der Boden war warm unter seinen Füßen, und er spürte die Atemzüge des schlafenden Vulkans ...

14

Die schwarzen Gestalten der beiden Frauen kauerten so regungslos in der Dunkelheit, daß sie ein Teil des Gesteins zu sein schienen, an dem sie lehnten. Als er zu ihnen trat, erhoben sie sich. Einen Augenblick lang standen sie sich stumm gegenüber. Kubichis Gesicht lag im Schatten; er sah den bläulichen Schimmer ihrer Augen und spürte ihre Erregung, doch sie sagte kein Wort. Endlich brach er den Bann des Schweigens.

»Ich bin bereit«, sagte er ruhig und hörte, wie ein tiefer, befreiender Atemzug über Kubichis Lippen kam.

Die alte Frau hob langsam und feierlich beide Hände; sie

legte die Fingerspitzen an sein Herz, um das Klopfen zu verspüren. Er rührte sich nicht. Emekkas Gesichtszüge waren starr, ihre Augen halb geschlossen. Dann ließ sie die Arme sinken und wandte sich ab. »Folgt mir«, sprach sie. »Es ist Zeit.«

Sie wanderten den Berghang entlang. Susanoos Blick schweifte über das Geröll und die Lavabrocken. Man hätte meinen können, daß hier ein Felsen in tausend Stücke zersprungen war und seine Splitter über den ganzen Hang verstreut hatte. Die beiden Frauen schienen mühelos ihren Weg in der Dunkelheit zu finden. Plötzlich blieb Emekka stehen. Vor ihren Füßen fiel der Boden fast senkrecht ab. Sie standen vor einem Kraterkessel, der von Basaltwänden umschlossen war. Die Felsen glänzten in der Nacht wie hohe, schwarze Spiegel.

Emekka wandte Susanoo ihr ausdrucksloses Gesicht zu. »Hier ist die Stelle, wo Kamui-Huchi, der Feuergott, einst die Erde betrat. Vor vielen Menschenaltern waren unsere Vorfahren Zeugen, wie der Gott mit großem Getöse die Wolkendecke durchbrach, den Himmel erleuchtete und den Berg in Brand setzte.«

Susanoo wußte, daß manchmal Steine vom Himmel fielen und tiefe Narben in der Erdkruste hinterließen. Aber vielleicht war es wirklich der Gott gewesen, dessen Flammenschwingen die Erde berührt und die Felsen zerschmolzen hatten ...

Emekka gab ihm ein Zeichen, ihr zu folgen. Ein kaum sichtbarer Pfad führte in die Tiefe. Der Abstieg war sehr steil. Der Grund des Kraters war mit grobkörniger, glitzernder Asche bedeckt. Als Susanoo den Kopf hob, sah er hoch über sich das strahlende Sternbild. Er spürte deutlich die Bewegung des Planeten; spürte die unermeßliche Macht der Gestirne, die geheimnisvollen Kräfte des Alls, die die Lufthülle um den Erdenstern festhielten, während der harte Kern sich drehte und die Schöpfungsfeuer in verborgenen Höhlen schlummerten ...

Die Beklemmung fiel von ihm ab. Zweifel und Furcht waren von ihm gewichen; tiefer Friede strömte in sein Herz. Er fühlte sich im Einklang mit dem Himmel, den Gestirnen, der Erde und allen ihren Geschöpfen, den Lebenden und den Toten...

Sein Blick schweifte auf Kubichi zurück, die regungslos vor ihm auf den Fersen kniete. Ihr Gesicht leuchtete wie Perlmutter. Ihre Augen hatten einen fast fiebrigen Glanz, und ein leises Lächeln umspielte ihren Mund. Er brauchte sie nur anzusehen, und sein Blut pulsierte schneller...

Emekka hatte in die Mitte des Kraters drei große Steine gelegt und mit getrocknetem Salbei ein Feuer entfacht. »Die drei Steine«, sprach sie, »stellen die Erde dar. Das Feuer ist das Symbol des Gottes Kamui-Huchi.«

Als die Steine heiß waren, mischte sie die Asche; ein bläulicher, herb duftender Rauch stieg auf. Emekka nahm die glühende Asche mit bloßen Händen auf und streute sie so, daß sie einen Pfad bildete, der in nördlicher Richtung wies. Dort, wo der Pfad endete, häufte sie die Asche zu einem kleinen Hügel auf. Ihre heisere und zugleich weiche Stimme sprach in singendem Tonfall weiter: »Das ist der heilige Weg unseres Volkes. Auf dir, Mutter Erde, ziehe ich den Pfad, der zu Oina-Kamui, dem Schöpfer allen Lebens, führt.«

Sie richtete sich auf; stand mit ausgebreiteten Armen hinter dem glühenden Aschenhügel. Susanoo konnte nicht die geringste Spur einer Verbrennung an ihren Handflächen entdecken.

»Kommt jetzt zu mir«, fuhr sie fort, »und wandelt über den Pfad des Lebens; nähert euch dem Gott, der euch aus dem Nichts erschaffen hat...«

Kubichi erhob sich und begann mit langsamen, ruhigen Schritten über die glühende Asche zu schreiten. Susanoo folgte ihr. Ihm war, als ob sein Geist sich aus dem Körper löste und von weither auf ihn herabblickte. Er spürte die Glut unter seinen nackten Füßen und spürte auch Schmerzen, aber sie waren zu unbedeutend, als daß er ihnen Beachtung geschenkt hätte ...

Als sie das Ende des Pfades erreicht hatten, sprach Emekka: »Kniet euch hin.«

Sie ließen sich nieder. Die alte Frau zog einen kleinen, sichelförmigen Dolch aus ihrem Gürtel. Dann ergriff sie Susanoos linke und Kubichis rechte Hand und ritzte unter dem ersten Gelenk des Ringfingers die Haut leicht an. Sie preßte die Wunden aufeinander und band die beiden Finger mit einem Reisstrohband zusammen. Wort für Wort betonend, sprach sie das Ritual: »Jetzt gibt es für euch keinen Regen mehr, denn ihr seid füreinander ein Obdach; es gibt keinen Winter mehr, denn ihr seid füreinander der Frühling; es gibt keine Dunkelheit mehr, denn ihr seid füreinander das Licht; es gibt keine Kälte mehr, denn ihr seid füreinander die Wärme; es gibt keinen Schmerz mehr, denn ihr seid füreinander der Trost ...«

Sie schwieg; ihr Atem ging gepreßt. Dann mit dumpfer, tiefer Stimme, sprach sie ihnen die heilige Eidesformel vor: »Schwört, daß ihr euren erstgestorbenen Gatten den heiligen Vögeln übergeben werdet, auf daß sie ihn zu den Göttern geleiten. Schwört, daß ihr eure Kinder und Kindeskinder in diesem Eid unterweisen werdet, auf daß jeder eurer Nachkommen, solange euer Geschlecht besteht, zur Todesstunde seine himmlische Heimat erblicken kann ...«

Leise und fest sagte Kubichi: »Ich schwöre es.«

Sie spürte, wie ein leichter Schauer die Haut des Mannes neben ihr überzog, doch er sprach mit ruhiger Stimme: »Ich schwöre es.«

Die Priesterin nahm Kubichi ihren mit Muscheln verzierten Gürtel ab, der unverheirateten Mädchen vorbehalten war, und ersetzte ihn durch eine schwarze Schärpe. Dann zog sie Blütenstaub aus einem kleinen Lederbeutel, streute ihn auf die gesenkten Köpfe und sprach: »Ihr habt zwei Körper, aber nun fließt in euren Adern das gleiche Blut, und ihr seid ein einziges Wesen.«

Sie löste das Reisstrohband von ihren Fingern und wandte sich ab. Ihr Gesicht war plötzlich aschfahl geworden, und ihre weißlichen Lider zuckten.

»Und nun geht!« stieß sie hervor.

Kubichi erhob sich und berührte Susanoos Arm.

»Komm!«

Sie stiegen zum Kraterrand hinauf, ohne daß Emekka sich rührte oder ihnen einen Blick nachwarf. Ein Bär bewegte sich unter einem Felsvorsprung, aber Susanoo begann sich an die Tiere zu gewöhnen und beachtete ihn kaum. Wieder ergriff Kubichi seine Hand, um ihn in der Dunkelheit zu führen. Sie stiegen den Berg hinab. Der eiskalte Wind fegte über die Tannen, doch im Unterholz war es geschützt und warm. Susanoo breitete seinen Mantel auf dem Moos aus. Schweigend sanken sie nieder und hielten sich in den Armen. Der Wind rauschte wie die Brandung, und die Bäume bewegten sich knarrend wie Schiffsmaste auf hoher See. Kubichi schmiegte das Gesicht an seinen Hals. Er fühlte den Duft ihres warmen, pulsierenden Lebens. Sie war zu ihm gekommen mit all jener unbestimmbaren Sanftheit und Wildheit der Natur, mit dem Geheimnis von nächtlichen Wäldern und smaragdgrünen Seen, von Nebel, Sonnenglanz und Sternenlicht, von duftenden Tannen und schwebenden Blütenzweigen, von regennasser Erde und glühendem Sand. Sie war alles, was er sah, hörte und fühlte. Sie war zugleich Traum und Wirklichkeit, Quelle, Erde und Glut. Sie wird nicht sterben wie jene, die ich da oben sah, dachte er, sie wird dahinschweben wie der Morgennebel, erlöschen wie ein Stern . . .

Er schaute zurück auf alles, was er auf sich genommen hatte, und plötzlich senkte sich die Vorahnung über ihn wie eine schwarze, eisige Winterwolke. Er wußte nicht, was ihn so bedrückte, doch die Furcht, sie zu verlieren, durchzuckte ihn wie ein Dolchstoß. »Verlaß mich nie«, flüsterte er mit rauher Stimme. Er schloß sie in die Arme mit lähmender Kraft, und da verlor sich die Kälte, die ihn gepackt hatte. Er fühlte, wie sie lächelte.

»Wie kannst du daran denken? Hast du Emekkas Worte schon vergessen?« Ihre Stimme war heiter und sanfter als das Wispern des Windes in den Gräsern. Sie nahm seine Hand und legte sie auf ihre Brust. »Von nun an sind wir nur ein einziges Wesen. Spürst du denn nicht, wie unsere Herzen gemeinsam schlagen?«

15

Der schwarze Hengst kam bei Sonnenuntergang an. Er galoppierte den südlichen Festungswall entlang, raste an den Wachtposten vorbei durch den Torbogen und stürmte in den Innenhof. Das Fell des Tieres dampfte. Die Ohren lagen flach am Kopf, seine Augen funkelten wie purpurrote Blumen. Er raste im Kreis herum. Es herrschte seltsame Stille. Nur die Hufe prasselten wie Steinschläge auf dem rötlichen Sand. Ein Krieger versuchte ihm den Weg abzuschneiden. Das Pferd schwenkte ab; Staub quoll unter seinen Hufen auf, seine Mähne loderte wie schwarze Flammen.

Ein zweiter Mann näherte sich von der anderen Seite. Der Hengst wirbelte herum. Gelber Speichel floß aus seinen Lefzen. Sein Rücken spannte sich; er schlug aus: Wie von einem Keulenschlag getroffen stürzte der Mann zu Boden.

Aufgeregte Stimmen wurden laut. Immer mehr Soldaten drangen in den Hof. Ich hörte das Gleiten der Schiebetüren, das Klirren der Waffen. Die erregt tuschelnde Dienerschar drängte sich im Hintergrund.

Die Sonne sank hinter den Wällen. Man hatte den bewußtlosen Mann auf die Seite getragen. Die Tungusen mußten einen harten Schädel haben, denn ich sah, wie er wieder zu sich kam. Aber kein anderer Krieger wagte sich an das rasende Tier heran.

»Was geht hier vor?«

Iris schneidende Stimme übertönte den Tumult. Die Krieger verneigten sich, und die Diener warfen sich auf die Knie. Iri betrachtete das schwarze Pferd, das im funkelnden Dunst wie durch verschwommen-rötliches Wasser zu gleiten schien.

»Das Tier scheint von bösen Geistern besessen. Man töte es auf der Stelle!«

Er winkte einen Bogenschützen heran.

Ich trat dazwischen. »Majestät, es ist Kuro-Uma, das Pferd des Herrschers von Izumo. Erlaubt, daß ich den Hengst beruhige.«

In Iris schmalen Augen glühte ein lauernder Funke. »Versucht Euch dem Tier zu nähern. Aber begebt Euch nicht in Gefahr...«

Ich befahl den Kriegern, zur Seite zu gehen, und schritt langsam über den Hof. Mein purpurnes Gewand schleifte über den Boden. Ich fürchtete mich nicht; ich wußte, daß uns das Pferd eine Botschaft brachte. Der Hengst hatte mich gesehen und verfiel in Trab. Seine Mähne flatterte, der lange, dichte Schweif schlug hin und her. Ein dumpfes Schnauben ließ seine Kehle und seine Flanken beben. Ich trat näher an ihn heran; pfiff leise und sanft durch die Zähne. Das Tier spitzte aufmerksam die Ohren. Ich pfiff weiter in leichtem, melodischem Rhythmus. Der Hengst blieb stehen und ließ mich herankommen. Kuro-Uma senkte den Hals. Sein Kopf war jetzt mit meinem auf gleicher Höhe. Er wieherte rauh und tief; es klang wie ein Seufzer. Ich hob die Hand und legte sie auf seine Stirn. Er zuckte zusammen, doch er rührte sich nicht. Ich streichelte die nasse Stirn, faßte in die zerzauste, schweißgetränkte Mähne. Ich spürte einen Gegenstand unter meinen Fingern, und als ich die Mähne zurückwarf, sah ich die messerscharfe Knochensichel auf dem schwarzen Fell leuchten.

Jubel brandete über den Hof. Die Krieger hämmerten mit den Speeren auf die Schilde. Ich hörte sie kaum. Das Blut dröhnte in meinen Ohren. Mit zitternden Fingern löste ich den Schmuck und schritt auf den Herrscher zu. Wortlos hielt ich ihm die Sichel entgegen. Unsere Blicke trafen sich. Über uns senkte sich eine Stille, als hätte die Sonne am Himmelssaum ihre Bahn angehalten.

Iri erbleichte auf eine Art, wie ich es noch nie bei einem Menschen gesehen hatte. Sein Gesicht war wie das eines Toten: ohne Farbe, mit weißen Lippen und die Augen in dunklen Höhlen. Keuchend, fast unhörbar, stieß er hervor: »Ich werde ihm bei lebendigem Leib das Herz aus der Brust reißen!«

Er wandte sich ab; sein Schatten glitt über die Bodenplatten, verschwand zwischen den Säulen. Ich stand wie erstarrt. Langsam, ganz langsam, drang der Schmerz in mich ein, kroch in mein Herz. Mein ganzer Körper wurde kalt. Meine Gedanken hasteten hilflos in alle Richtungen. Dann hob sich die Verzweiflung wie eine Sturmwoge, strömte in mein Blut und brauste in meinem Kopf. Mit schwankenden Schritten gelangte ich in meine Gemächer; mit einer Handbewegung schickte ich Maki aus dem Zimmer. Ich blieb allein.

Der Raum war still und kühl, und die purpurne Sonne drang herein. Ich kniete vor meinem Bronzespiegel und legte den Schmuck vor mir auf die Matte. Ich löste meine Schärpe; ließ mein Gewand über die Schultern gleiten. Dann nahm ich den Schmuck wieder auf: er war warm in meinen Händen, als wäre er soeben jener, der er gehörte, abgenommen worden. Ich fuhr mit dem Daumen über die messerscharfe Kante. Ich hörte mich atmen. Ich habe keine Angst zu sterben, dachte ich. Leben und Tod sind dasselbe. Auf der schimmernden Fläche des Spiegels sah ich meine Schultern, meine Brust wie goldene Schatten. Ich beobachtete gelassen, wie meine Rechte die Sichel ergriff, sie auf mein Herz richtete. Ich spürte die Spitze in die Haut dringen.

Da vernahm ich ein Rauschen, es brauste und schallte in

meinem Kopf, und in diesem Rauschen sagte eine Stimme: »Warte. *Er* wird deine Hilfe brauchen!«

Mein ganzer Körper erbebte, und ich riß die Sichel zurück. Atemlos sank ich in die Knie. Ein trockenes Schluchzen drang aus meiner Kehle, doch meine Augen blieben tränenleer.

Langsam richtete ich mich auf; starrte wie aus unendlicher Ferne in den Spiegel. Sah, wie ich schwerfällig die Arme hob, den Schmuck um meinen Hals legte und mit tastenden Fingern die Lederbänder verknotete. Dann, von abgrundtiefer Müdigkeit erfaßt, ließ ich die Arme sinken. Der Schmuck leuchtete auf meiner Haut, wie die kalte Sichel des Wintermondes, und darunter rann ein einziger Tropfen Blut . . .

Nachwort

Die Ainu, die in diesem Roman eine wichtige Rolle spielen, sind die Ureinwohner Japans und waren früher fast über das ganze Inselreich verbreitet. Sie gehören zu den nördlichen Völkergruppen europäischen Ursprungs, den sogenannten Paläoarktikern. Man findet sie heute noch im Norden Japans (Hokkaido), im östlichsten Teil Rußlands sowie auf den Kurilen-Inseln, jener japanischen Inselgruppe, die von der Sowjetunion seit Ende des Zweiten Weltkrieges besetzt ist.

Die Ainu hatten eine sehr komplexe Mythologie und Kosmogonie und bewahrten verschiedene archaische Kulte. Der Bärenkult z. B. kommt noch heute in ihrem »Bärenfest« zum Ausdruck, das im Winter auf der Insel Hokkaido gefeiert wird.

Das Schicksal der Ainu hat vieles mit dem der nordamerikanischen Indianer gemeinsam. Ihr Widerstand gegen die japanischen Eroberer, die sie immer weiter nach Norden verdrängten, zieht sich durch die ganze japanische Geschichte. 1669 errangen die Ainu unter der Führung des Häuptlings Sjaksjaïn in Hokkaido einen Sieg, der ihnen die Unabhängigkeit in greifbare Nähe brachte. Sjaksjaïn wurde zu Friedensverhandlungen eingeladen und bei einem Gastmahl samt seinem Gefolge vergiftet. Somit gerieten die Ainu endgültig unter japanische Herrschaft.

1899 wurde ein Gesetz erlassen, das sogenannte »Gesetz zum Schutz der Einheimischen in Hokkaido«, das die Seßhaftigkeit der Ainu erzwang und ihre Kultur zerstörte. Dieses Gesetz ist noch heute in Kraft, aber bei der Jugend zeigt sich immer deutlicher ein neues Selbstbewußtsein und das Bestreben, ihr eigenes Gedankengut und ihre Kultur wiederzuerwecken.

Der in diesem Buch erwähnte Feldzug des Königs Iri

(Sujin) dauerte acht Jahre. Er wird im »Kojiki« – den heiligen Jahrbüchern, die auf Geheiß der Kaiserin Gemmyô (662–722) verfaßt wurden – eingehend beschrieben.

Iri gehörte zu einer Dynastie von Steppenreitern, die aus dem Norden, vom Festland (der heutigen Sowjetunion), kam und im heutigen Korea seßhaft geworden war. Es scheint, daß die Schamanenkönigin Himiko von Yamatai, einem Land im Süden von Japan, während eines Krieges die Hilfe des Fürsten vom Festland erbat. Iri heiratete Himikos Tochter Toyo und entriß ihr die politische Macht. Der Herrschaft seines Geschlechts wurde mit dem Staatsstreich von 645 und der Ermordung des letzten Königs Soga-no-Iruka ein Ende gesetzt. Bei der Verfassung des »Kojiki« wurde der Einfluß des fremden Herrschergeschlechts verschwiegen, und Iris Taten wurden Jimmu Tennô, einem legendären König von Yamatai, zugeschrieben.

Da es verboten war, die japanischen Königsgräber zu öffnen und Ausgrabungen vorzunehmen, blieb dieser Geschichtsabschnitt lange Zeit unbekannt. Nur dem Zufall ist es zu verdanken, daß einige Gräber entdeckt wurden, deren Funde (vor allem die Wandmalereien) den Einfluß der Kultur des Festlandes auf das damalige Japan beweisen. Außerdem wurden vor knapp zehn Jahren auf verschiedenen Kultgegenständen Symbolschriften entziffert, die eindeutig diese These bestätigen.

Selbst in der heutigen Zeit wird in der Provinz Izumo ein außergewöhnliches Festhalten an japanischen Traditionen beobachtet. Izumo war schon im Altertum wegen seiner Eisenminen bekannt und spielte in der damaligen Zeit (1. bis 2. Jh. n. Chr.) eine führende Rolle.

Der Überlieferung nach herrschte in Izumo Haya-Susanoo-no-Mikoto, der Bruder der letzten Sonnenkönigin, nach seiner Verbannung aus Yamatai (siehe Band I ›Im Zeichen der roten Sonne‹). Dieser legendäre Fürst gehörte zweifellos zu den faszinierendsten Persönlichkeiten seiner Zeit. Er bereicherte das Land um verschiedene kulturelle

Errungenschaften. Das in diesem Buch zitierte Gedicht stammt wirklich von ihm. Er muß im Volk sehr beliebt gewesen sein und genießt noch heute in Japan große Verehrung. Der zu seinem Gedenken errichtete Izumo-Schrein ist eines der meistbesuchten Heiligtümer des Landes.

Das Taimatsu-Fest schließlich wird auch heute noch in verschiedenen Orten Japans in mehr oder weniger abgeänderter Form gefeiert. Die Verbrennung einer Kultfackel gehört zu den proto-schintoistischen Volkstraditionen. Ihre Bedeutung scheint von einer matriarchalischen Urstruktur hergeleitet, die in der Darstellung des biologischen Lebenszyklus früher weltweit verbreitet war (z. B. im alten Ägypten), heute jedoch nur noch in Japan in dieser Form besteht.